从购买走向使用
多维度构建新能源汽车服务体系

主　编　张永伟
副主编　刘永东
参　编　张　健　　熊　英　　王晓旭　　曾玮良　　闫艳翠
　　　　　　吴依静　　牟语薇　　林超楠　　闫薪铭　　周丽波
　　　　　　刘博文　　赵一新　　冉江宇　　姚恩建　　杨　扬
　　　　　　刘　坚　　王　康

机械工业出版社

本书基于新能源汽车进入新阶段的使用需求，系统地分析了新能源汽车市内和市外补能体系、后市场流通体系、动力蓄电池回收再利用体系、农村电动化出行体系等几个层面面临的主要挑战和问题，并给出了系统性的解决方案。针对新能源汽车以使用为中心这一主题，本书前瞻性地提出新能源汽车发展中的一些新的模式和新的生态，并结合近20个具有行业代表性的创新优秀案例，展示了新能源汽车进入新阶段的新策略。

本书适合传统汽车、新能源汽车及其上下游产业从事战略研究、市场营销和企业技术管理的人员，以及汽车行业专家、节能与新能源汽车产业培育专家、汽车行业行政管理人员等阅读。

图书在版编目（CIP）数据

从购买走向使用：多维度构建新能源汽车服务体系／张永伟主编．—北京：机械工业出版社，2023.3
ISBN 978－7－111－72660－9

Ⅰ.①从…　Ⅱ.①张…　Ⅲ.①新能源-汽车-售后服务　Ⅳ.①F407.471.5

中国国家版本馆 CIP 数据核字（2023）第 028473 号

机械工业出版社（北京市百万庄大街22号　邮政编码100037）
策划编辑：母云红　　　　责任编辑：母云红　舒　恬
责任校对：张爱妮　张　薇　责任印制：常天培
北京宝隆世纪印刷有限公司印刷
2023年3月第1版第1次印刷
180mm×250mm·12印张·1插页·180千字
标准书号：ISBN 978－7－111－72660－9
定价：99.00元

电话服务　　　　　　　　　网络服务
客服电话：010－88361066　　机　工　官　网：www.cmpbook.com
　　　　　010－88379833　　机　工　官　博：weibo.com/cmp1952
　　　　　010－68326294　　金　书　网：www.golden-book.com
封底无防伪标均为盗版　　　机工教育服务网：www.cmpedu.com

前 言

新能源汽车产业是我国新兴战略产业，自2011年起，我国在全球率先推动新能源汽车产业化，经过十余年的发展，实现了换道先行，新能源汽车产销量、保有量连续多年居世界首位。2022年1—11月，我国新能源汽车产销量分别超过600万辆，市场占有率超过25%。种种迹象表明，我国新能源汽车产业已经进入市场化、规模化发展的新阶段，发展的矛盾将逐渐由生产环节向使用环节转移。因此，如何协同新能源汽车全生命周期各参与主体，通过构建适应新能源汽车以使用为核心的生态体系，切实解决好使用端的矛盾，让消费者使用新能源汽车更便利、更经济，有更好的体验感，成为行业进入新发展阶段的关键任务。

本书基于新能源汽车进入新阶段的使用需求，系统地分析了新能源汽车市内和市外补能体系、后市场流通体系、动力蓄电池回收再利用体系、农村电动化出行体系等几个层面面临的主要挑战和问题，并给出了系统性的解决方案。针对新能源汽车以使用为中心这一主题，本书前瞻性地提出新能源汽车发展中的一些新的模式和新的生态，并结合近20个具有行业代表性的创新优秀案例，展示了新能源汽车进入新阶段的新策略。

本书在编写过程中，得到了中国电力企业联合会副秘书长刘永东，中国城市规划设计研究院交通研究分院院长赵一新，北京交通大学交通运输学院副院长、教授姚恩建，清华四川能源互联网研究院高级研究员王康等行业专家，以及案例企业的大力支持，在此一并表示感谢。

由于水平有限，书中难免有欠缺和疏漏之处，恳望广大读者提出宝贵意见。

作者

目 录

前 言

第一章
新能源汽车进入发展新阶段
第一节　新能源汽车进入市场化、规模化发展的新阶段／001
第二节　构建新能源汽车使用生态体系——新阶段的关键／006

第二章
打造新能源汽车市内补能体系
第一节　市内补能体系建设需解决好多层面问题／010
第二节　构建新能源汽车市内补能体系的策略／025

第三章
打造新能源汽车市外补能体系
第一节　市外补能体系构建仍需进一步完善／035
第二节　构建新能源汽车市外补能体系的策略／036

第四章
构建新能源汽车后市场流通体系
第一节　新能源汽车后市场面临新挑战／056
第二节　发挥新主体在后市场中的作用／063

第五章
打造动力蓄电池回收再利用体系
第一节　动力蓄电池回收体系仍存在短板／074
第二节　加快建设动力蓄电池回收再利用体系的策略／079

第六章
推动农村电动化出行

第一节　农村电动汽车发展制约因素／092

第二节　农村电动化出行发展路径及保障／097

第七章
发挥新模式的推动作用

第一节　车网互动商业模式／107

第二节　碳资产模式／123

第三节　动力蓄电池资产运营模式／130

第四节　动力蓄电池智能仓储配送中心／136

第五节　新一代换电站／141

第六节　移动能源服务设施／147

第八章
创新发展案例

第一节　新型基础设施丰富用户补能体系／154

第二节　回收企业发展助力挖掘动力蓄电池全生命周期价值／168

第三节　车网互动试点应用推动商业模式落地／172

第四节　国外成熟汽车后市场经验借鉴／177

第五节　城市绿色出行生态创新：柳州模式／181

参考文献／186

第一章
新能源汽车进入发展新阶段

第一节　新能源汽车进入市场化、规模化发展的新阶段

一、我国新能源汽车规模持续全球领先

截至2022年，我国新能源汽车产销量、保有量已连续8年居世界首位。如图1-1所示，2022年中国新能源汽车销量占全球销量的比例超过60%，保有量也从2015年的58.3万辆增长到2022年的1310万辆，7年间增长超过20倍。在疫情反复、供应链受到冲击、原材料及关键零部件价格大幅上涨等多重因素影响

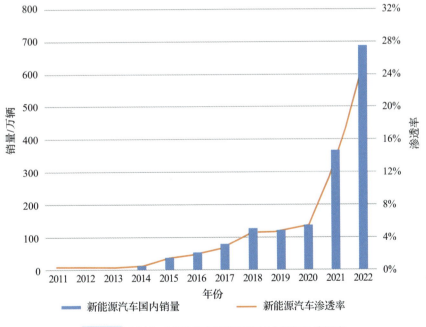

图1-1　2011—2022年新能源汽车国内销量及渗透率

注：数据来源于中国汽车工业协会。

下，新能源汽车市场仍然表现出强大的韧性及发展潜力，2022年，新能源汽车产销分别完成705.8万辆和688.7万辆，同比分别增长96.9%和93.5%，市场渗透率达到25.6%。同时，国产新能源汽车也实现了出口的快速增长（图1-2），2022年，新能源汽车出口量达67.9万辆，同比增长120%，占汽车总出口量的21.8%，我国新能源汽车产品的国际竞争力明显提升。

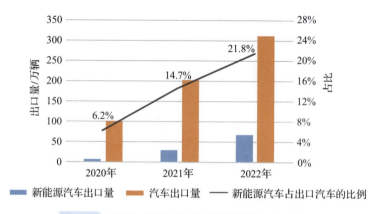

图1-2　2020—2022年我国新能源汽车出口情况

注：数据来源于乘用车市场信息联席会。

二、新能源汽车市场由政策驱动走向市场驱动阶段

从新能源乘用车用途看，2022年1—10月新能源乘用车私人消费占比提升至79%，近三年私人消费占比均超过70%，如图1-3所示，说明对私市场持续

图1-3　2017—2022年我国新能源乘用车私人消费占比

注：数据来源于乘用车市场信息联席会。

打开。从图1-4的区域市场分布可以看出，新能源乘用车在北京、上海等限购市场的占比逐渐下降，在中小型城市与县乡地区的市场占比逐步扩大，2022年1—10月提升至53%。新能源汽车在中小城市及农村地区的增长空间还将进一步拓展，自2020年起工业和信息化部等有关政府部门多次组织开展新能源汽车下乡等推广活动，增加了多个三、四线城县地区，据统计，2021年新能源汽车下乡车型累计销售106.8万辆，同比增长169.2%。

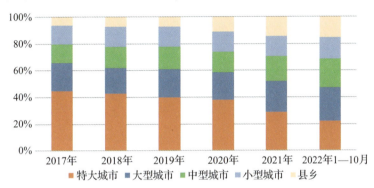

图1-4 2017—2022年我国新能源乘用车区域市场分布

注：特大城市指上海、北京、广州、深圳、杭州、天津，均为限购城市；大型城市、中型城市、小型城市包括非限购城市；数据来源于乘用车市场信息联席会。

三、双碳目标将加速新能源汽车发展

习近平主席在第七十五届联合国大会一般性辩论上郑重宣示中国"二氧化碳排放力争于2030年前达到峰值，努力争取2060年前实现碳中和"的目标，此即双碳目标。在双碳目标提出后，2021年10月26日，国务院发布《2030年前碳达峰行动方案》，其中提及2030年新增新能源、清洁能源动力的交通工具比例达到40%左右。目前交通运输业在我国碳排放总量占比达到10%左右，公路运输占到了全国交通运输碳排放总量的85%以上，汽车行业作为向消费者提供终端产品的行业，在实现碳达峰目标的路上将承担重要责任，也将是最先实现电动化的领域之一，预计2030年电动化比例将超过40%。全国多地纷纷在"十四五"规划中提出新能源汽车产业发展目标，北京、上海、深圳已将2025年新能源汽车市场渗透率提高到30%以上，见表1-1。

表1-1 部分省市"十四五"规划中关于新能源汽车发展目标的设定

省市	目标年份	新能源汽车产业目标
北京	2025年	全市新能源汽车累计保有量力争达到200万辆，汽车电动化率由目前的6%提升至30%
	2022年	新建不少于5万个电动汽车充电桩、100座左右换电站
上海	2025年	本地新能源汽车年产量超过120万辆 新能源汽车产值突破3500亿元，占全市汽车制造业产值35%以上 个人新增购置车辆中纯电动汽车占比超过50% 新建20万个充电桩、45座出租车充电示范站
海南	2025年	公共领域新增和更换车辆100%使用清洁能源汽车 全省车桩总体比在2.5∶1以下
	2021年	完成2.5万辆新能源汽车推广目标，全年建设1万个充电桩
广州	2025年	新能源汽车产能200万辆，占全市汽车产能的40% 新能源汽车渗透率由2020年的11.4%增至2025年的50%，智能汽车（L2级组合驾驶辅助及以上自动驾驶水平）新车占比达到80% 加氢站数量超过50座，车用氢气终端销售价格低于35元/kg
深圳	2025年	新能源汽车占整体汽车消费比例平均达到60% 全市新能源汽车保有量达到百万台，其中新能源私家车保有量将达到78万辆 累计建成公共和专用网络快速充电桩4.3万个、基础网络慢充桩79万个

注：资料来源于地方政府官方文件。

四、国内整车企业顺势崛起，供给侧产品力开始显现

国内新能源汽车企业持续发力，产品竞争力提升。蔚来、小鹏、理想、哪吒等头部造车新势力，已经形成我国新能源汽车发展浪潮中新的一极。同时，以上汽、广汽、东风、吉利、奇瑞和长城为代表的传统整车企业实行多

线并举的策略，推出多款经济型新能源汽车产品，并在智能化上加深布局，提高产品竞争力。2022 年 1—10 月，我国新能源汽车市场中的自主品牌占比近 85%，远超合资和外资品牌，进而带动自主品牌在乘用车整体市场占比增至 45% 以上。同时，自主品牌新能源汽车开始进军发达国家市场，如蔚来宣布将在德国、荷兰、丹麦和瑞典四个国家建立由产品和服务构成的完整运营体系。

我国汽车企业有望借着新能源汽车转型实现品牌向上升级。当前国内新能源汽车产品呈现"两端带动中间实现全面突破"态势，售价 5 万元以下的乘用车市场已基本实现全面电动化，30 万元以上的高端车型市场中的新能源渗透率在 2022 年前 10 个月已超 20%。近期，主流整车企业在销量占比较高的 10 万~20 万元价格区间的车型开始发力，如比亚迪、广汽埃安、哪吒、零跑等整车企业新能源汽车销量快速增长。整体而言，新能源汽车产品全生命周期内的综合成本逐渐接近燃油车水平，并展现出操控性好、舒适性佳、科技感强等独特优势，对消费者的吸引力持续提升。

五、跨国整车企业纷纷布局，协同推动我国汽车电动化进程

在全球碳排放管理政策趋严下，整车企业巨头加快推进电动化转型计划，如通用汽车提出了较为激进的时间表（2035 年实现轻型汽车 100% 零排放，2040 年实现全球产品和工作场所碳中和），丰田、本田等日本整车企业仍然坚持纯电动汽车（Battery Electric Vehicle，BEV）、插电式混合动力电动汽车（Plug-in Hybrid Electric Vehicle，PHEV）、燃料电池电动汽车（Fuel Cell Electric Vehicle，FCEV）和混合动力电动汽车（Hybrid Electric Vehicle，HEV）多种路线并行的电动化战略。跨国整车企业尤其重视车辆产品与服务和中国本土市场的结合，如智能网联、共享出行等领域，丰田、本田等跨国整车企业将以全新平台的电动汽车产品撬动中国新能源市场，本田提出在包括中国在内的全球主

要市场，纯电动汽车和燃料电池汽车的销量占比规划为 2030 年达到 40%、2035 年达到 80%、2040 年达到 100%，见表 1-2。

表 1-2　部分跨国传统整车企业在中国新能源汽车市场的布局

整车企业	布局
大众	2025 年新能源汽车年销量 150 万辆，共推出 30 款新能源车型，占整体车型比例至少 35% 2023 年投放 8 款基于 MEB 平台的 ID. 系列 BEV 车型，售价 24 万~34 万元
宝马	2025 年中国市场销量 25% 为 BEV 车型 2023 年推出 12 款纯电动车型
通用	2025 年推出新能源车型占整体车型比例为 40%，在中国投放纯电动车型超过 20 款
现代起亚	2030 年在中国新能源产品矩阵拓展至 21 款，在中国投放纯电动车型超过 20 款 2021 年在上海建立现代集团首个海外先行数字研发中心，在广州建立现代集团首个海外氢燃料电池系统生产销售基地
丰田	2025 年在中国推出电动化车型（包括 HEV）30 款以上，其中 BEV 车型 10 款；电动车型（包括 HEV）销量占比 50%，销量目标比 2020 年增长 50%，达到 270 万辆左右
本田	2030 年在中国推出新款车型实现 100% 电动化（包括 HEV） 2025 年在中国推出 BEV 车型 10 款；纯电动汽车和燃料电池汽车的销量占比规划：2030 年 40%、2035 年 80%、2040 年 100%
日产	2025 年在中国推出 9 款电动车型，其中 6 款搭载 e-Power 技术

注：资料来源于各企业战略规划。

第二节　构建新能源汽车使用生态体系——新阶段的关键

新发展阶段，如何能让新能源汽车更好地使用成为新课题。由于电池等关键零部件技术的不断进步及车型产品日益丰富，新能源汽车综合使用成本大幅下降，与燃油车型相比已经具备一定的成本竞争力，尤其在 A00 级等小型车领域，新能源车型的成本竞争优势更加突出。近 5 年消费者在考虑购买新能源汽车的关注因素方面发生了较大的变化，根据北京交通发展研究院的调查，车辆性能（续驶里程、车辆配置等）及车辆价格在 2016 年是消费者关注的前两个因素，分别占比 32%、25%，到 2021 年已经降至 17% 和 16%，如图 1-5 所示。充电条件、通行便利性成为当前阶段消费者购置新能源汽车的首要影响因素，占比分别为 22% 及 18%。

图 1-5 2016 年和 2021 年消费者购买新能源汽车的关注因素

注：资料来源于北京交通发展研究院，由中国电动汽车百人会整理。

总体来说，我国新能源汽车产业链基本完备，产品竞争力大幅提升，未来要让新能源汽车成为市场主流，实现新能源汽车销量和渗透率双高的市场格局，发挥新能源汽车协同智慧交通、可再生能源节能减排的社会效益。从全局发展及新能源汽车全生命周期的角度看，汽车产业碳中和还存在较大的提升空间，应加大力度构建以使用者为中心的新能源汽车服务体系，切实解决使用端的矛盾，让消费者使用新能源汽车更加便利、更加经济、有更好的体验感。构建以使用者为中心的新能源汽车服务体系主要体现在以下几个方面。

从购买走向使用：多维度构建新能源汽车服务体系

一、交通补能体系

从油、气、氢、电、换、光、储等多种能源融合发展的角度，以安全、低碳、便捷和经济为目标，通过与城市设施、交通运输、能源系统的深度融合，针对不同技术路线的、不同使用场景的新能源汽车提供能源补给体系化解决方案，包括面向家庭的智能化慢充和面向高速公路的大功率快充；新能源和充电实现协同，建设光储充一体化的充电体系；推广换电站、综合能源站、动力蓄电池智能仓储配送中心和移动能源服务设施。智能慢充网络是目前覆盖范围最广的充电网络，车网互动潜力巨大；在布局慢充的基础上，大功率充电设施能够明显缩短充电时间、提升用户体验；光储充一体化设施能为电动汽车提供分布式可再生能源，又能实现电力削峰填谷等辅助服务；换电站通过车电分离模式降低用户购车成本，规模化发展后具有负荷聚合参与车网互动和电力市场交易的前景，有望与快慢充形成互补；在部分区域土地资源不足的情况下，综合能源站可提供一站式、集约化补能服务，满足多元化的补能需求；动力蓄电池智能仓储配送中心能够实现对动力蓄电池的统一管理，为企业提供运输、仓储、包装、配送等全方位服务；移动能源服务设施兼具存储和充电的属性，在一定应用场景下为电动汽车提供灵活、快捷、应急补能服务。

二、后市场服务体系

面向新能源汽车消费者对维护修理、数据服务、残值保障等售后诉求，整车企业及新能源汽车生态圈中的各类企业将提供以消费者为中心的新兴服务，一方面进一步打消用户顾虑，满足用户诉求；另一方面可以成为后市场投资以及下一步发展的热点。从买车、维修到交易，建立面向新能源与智能汽车后市场的新服务生态，解决新能源与智能汽车后市场在用车检测、用车评估、用车流通、安全质量管理、金融保险、充换电服务、维护修理、回收利用等多项行业重大问题，打造共性技术和行业标准，建设规范且创新的汽车后市场与后服务产业生态。

三、动力蓄电池回收利用体系

回收—梯级利用—再生利用网络体系的完善是废旧动力蓄电池产业健康可持续发展的前提。提前规避大量新能源汽车动力蓄电池进入报废期所带来的极大的安全、环保隐患以及资源浪费问题，尽快构建废旧动力蓄电池回收处理体系。考虑废旧动力蓄电池收集、存储、运输、检测与评估、分选与拆解等阶段，完善产品标准化制度、复杂技术人才储备、企业资质约束引导机制等方面。重视消费者在动力蓄电池回收链条中的主体作用，创新"企业+消费者"激励模式，通过回购、以旧换新、给予补贴等措施提高用户移交废旧动力蓄电池的积极性，营造健康的动力蓄电池消费与使用环境。

四、农村电动汽车出行体系

农村电动汽车的发展是要解决好产品供给、安全体系、服务保障及充电基础设施等综合生态，当前这些方面还存在一些制约，对于农村地区电动汽车消费产生了抑制。需要从宏观层面为不同条件的农村设置发展路径，通过经济、安全、服务、产品、商业模式等创新提升农村电动化比例和速度。

五、新商业模式与新产业生态体系

车网互动、碳资产、"电池银行"等商业模式是新能源汽车产业发展的重要方面，通过对应用场景、相关利益方、技术路线等方面提前策划，创新市场机制，提高用户参与的积极性，形成新能源汽车用户、电网企业、充电运营商、汽车及相关企业等多方主体共赢的商业模式，对建设有活力、有韧性的新能源汽车产业生态至关重要。

第二章
打造新能源汽车市内补能体系

第一节　市内补能体系建设需解决好多层面问题

一、设施运行效能低，应用场景受限

以充电基础设施为例，《2021年中国主要城市充电基础设施监测报告》采用桩数利用率、时间利用率、周转率等多项指标对25座城市公用桩的平均运行效能进行了测算，发现多数城市公用桩的平均桩数利用率不足40%（图2-1），平均时间利用率不足7%（图2-2），平均周转率不足2辆（图2-3），充电效能普遍偏低。其原因有两方面，一方面私人充电桩数量随新能源乘用车保有量的增加逐年递增，随车配桩比例始终保持在65%~70%，乘用车以出行前私人充电桩充电为主，公用充电桩的应用场景更多局限于出行途中的临时补电和老城区等资源短缺片区的补电；另一方面，配置公用充电桩的车位被燃油车等占用、与换电站等其他能源设施相比服务时间偏长等因素在一定程度上也限制了公用充电桩的应用。

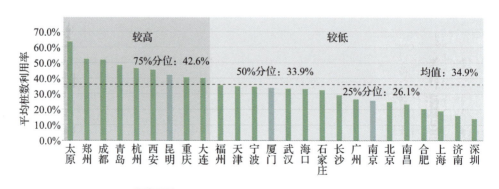

图2-1　25座城市公用桩平均桩数利用率分布

图 2-2　25 座城市公用桩平均时间利用率分布

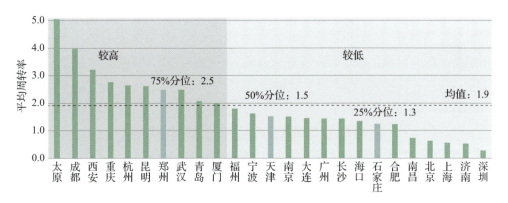

图 2-3　25 座城市公用桩平均周转率分布

换电站方面，尽管换电站建设在近两年发展较快，但服务对象主要为出租车、物流车、分时租赁等品牌相对集中、动力蓄电池规格相对一致、对动力蓄电池寿命和维护要求高的商用电动汽车。由于不同整车企业的车型众多、动力蓄电池型号不统一、跨企业换电标准尚未一致，加之换电站建设成本高，目前电动乘用车换电站建设仅以蔚来、特斯拉、北汽新能源等整车企业为主，服务的私人乘用车主主要为无专属停车位、无法安装私人充电桩且充电不便的消费群体，并未在全国范围内大面积普及。

加氢站的应用相对更加受限，目前主要支持国家大型赛事活动的举办，践行"绿色低碳零排放"的理念。例如，2007 年建成的上海世界博览会加氢站，为上海世界博览会期间 196 辆车提供加氢服务；2010 年建成的广州亚运会加氢站,为亚运会观光车提供加氢服务;2022年北京冬奥会共新建16座加氢站,支持延庆和张家口赛区氢燃料电池电动汽车的使用。其余已建成的加氢站多以示范、科研功能为主,少量为定向合作的公交车、物流车服务。

二、空间规划存盲区,设施建设缺管控

《2021年中国主要城市充电基础设施监测报告》显示,不仅所有25座城市的服务效能普遍偏低,其中公用桩密度以及覆盖率较高的城市在服务效能方面相对更低(表2-1)。由此可见,前期以建桩补助为主的激励政策直接导致公用充电桩的建设发展过度超前,国内主要城市对充电设施的总量并未进行有效管控,既有设施与城市需求间并未形成良好的匹配服务关系,增量建设已难兼顾运营效能的提升。

表2-1 25座主要城市公用桩交叉排名汇总

城市名称	密度排名	覆盖率排名	平均桩数利用率排名	平均时间利用率排名	平均周转率排名
深圳	1	3	25	24	25
上海	2	1	23	23	23
广州	3	5	18	14	16
南京	4	11	19	18	14
长沙	5	6	17	15	17
厦门	6	14	13	13	10
武汉	7	9	14	11	8
合肥	8	16	22	21	20
天津	12	4	11	9	13
福州	20	22	10	12	11
宁波	22	21	12	17	12

(续)

城市名称	密度排名	覆盖率排名	平均桩数利用率排名	平均时间利用率排名	平均周转率排名
大连	25	24	9	16	15
海口	16	15	15	10	18
石家庄	17	13	16	20	19
北京	11	10	20	19	22
南昌	21	17	21	22	21
济南	24	20	24	25	24
西安	9	2	6	3	3
杭州	10	7	5	4	5
成都	14	8	3	2	2
太原	13	25	1	1	1
郑州	15	12	2	7	7
昆明	23	19	7	5	6
重庆	18	23	8	6	4
青岛	19	18	4	8	9

另一方面，《2021年中国主要城市充电基础设施监测报告》以900m服务半径为衡量标准，监测到25座城市中心城区的公用桩平均覆盖率为73.5%，并且覆盖率的提升随公用充电桩密度的增加逐步趋缓。以北京、上海等大城市为例（图2-4、图2-5），公用充电桩的覆盖盲区主要集中在北京朝阳区东坝、十八里店东南区域、黄港桥周边，以及上海浦东新区港口、高桥镇、外环沪嘉立交东部等中心城外围片区。同时，从图2-6中可以看出，25座城市中心城区的公用桩占全市域比例的均值达到58%，这在一定程度上反映出国内主要城市的充电基础设施集中在中心城区，外围郊区、乡镇、农村的建设相对薄

弱，亟待编制规划对选址布局给予指导；此外，25座城市直流公用桩平均覆盖率为62.9%，较所有公用桩的平均覆盖率低10%，其中，济南、深圳、成都、武汉等部分城市的直流公用桩覆盖率显著低于所有公用桩的覆盖率，空间布局存在较大的提升空间。

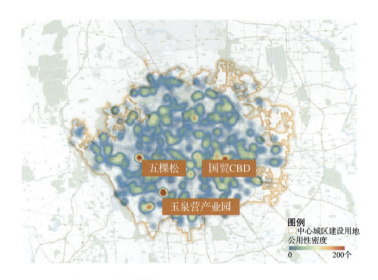

图2-4 北京充电桩布局情况

图2-5 上海充电桩布局情况

图 2-6 25 座城市中心城区直流公用桩覆盖率

注：标注为城市规模分类的指标均值。

国内多个城市在编制城市停车基础设施专项规划时，逐步开始将充电基础设施的规划同步纳入，但仍然存在相当数量的城市尚未编制充电基础设施专项规划，对充电设施的建设计划停留在数量指标，缺少对设施空间布局选址、用地指标等的规划指引。与之相似，除上海等部分发达地区近两年开始组织编制车用加氢站布局专项规划外，绝大部分地区尚未启动加氢站专项规划的编制工作。部分城市已经建成"光储充"一体化设施，或即将建设"油气氢电"综合能源站，这种综合性交通能源设施在空间上更加缺少选址依据。此外，这些交通能源基础设施专项规划基本按照能源类别独立编制，彼此间缺乏空间统筹，在既有的专项规划类别中也极少出现将多种新型交通能源设施统合在一起的规划。总体上，新能源汽车补能基础设施空间规划编制体系相对滞后于新能源车辆及对应补能设施的发展，无法满足城市规划部门对设施落地的空间管理需求。

三、存量空间须转型，供给模式不集约

中国电动汽车充电基础设施促进联盟（以下简称充电联盟）近几年发布的

中国充电基础设施年度发展报告中，私人充电桩在充电基础设施中的占比基本在50%～60%，数量增长也很迅速。《中国新能源汽车大数据研究报告（2020）》的统计数据显示，2019年私家车月均行驶天数15.62天，日均行驶里程42km，每月平均行驶总里程约为656km。按月充电里程700km、电动汽车平均耗电量为12.5kW·h/100km、慢充桩功率为7kW计算，私人充电桩的平均时间利用率仅为1.7%。同时，《2021年中国主要城市充电基础设施监测报告》通过对不同建筑业态周边的公用充电桩效能进行统计发现，居住类业态周边的公用充电桩平均时间利用率达到4.7%，上海、广州、天津、石家庄等部分城市居住类建筑周边配置的公用桩使用效能在所有业态中最高，显著高于私人充电桩效能。随着新能源汽车续驶里程的逐渐增加，私家车月均充电次数将逐渐减少，既有的"一车一位、随车配桩"模式将造成充电基础设施资源的极度浪费。

另一方面，城市内传统的交通能源基础设施以加油加气站为主，其中很多加油站已经布局充电设施，而加油加气站与加氢站、换电设施等其他基础设施合并建站的案例相对较少，基础设施的增量规划建设并未充分利用传统能源基础设施的先发选址优势，空间布局的集约度有待进一步提升。

四、标准规范不健全，配套政策待完善

近几年，国家相关部委从规模结构配置、工程技术、财政补贴等方面出台政策，明确管理办法，规范编制标准，不断促进补能基础设施的良性发展。以充电基础设施为例，国家从2014年起密集出台一系列的指导意见推进充电基础设施的发展，2020年3月中央政治局常委会明确将充电桩作为"新基建"的重要组成部分后，又迎来一波政策密集发布的高峰（图2-7）。

然而，既有的补能基础设施相关标准规范仍然存在短板。以规划类标准规范为例（表2-2），2021年底发布的团体标准T/UPSC 0008—2021《电动汽车充电设施布局规划导则》填补了充电设施标准的空白，但其中尚未从车桩比等角度对充电设施的规模提出配置要求，对公共充电站内单桩充电功率的界定和

第二章 打造新能源汽车市内补能体系

图2-7 国家充电基础设施相关政策、规划发布时间轴

服务应用场景的定位均有待商榷。对于"油气氢电"综合能源站等合建设施，仅仅有地方标准给予指导，例如陕西省出台的DB 61/T 1275—2019《充电加油加气合建站充电设施技术要求》，缺少国家层面的标准规范或导则。对于加氢站的国家规划设计规范中，液氢运输、高压储氢、液氢储存设备标准仍然相对欠缺，车载氢系统的压力等级也未统一。同时，在补能基础设施项目的规划建设运营审批方面，各地的审批管理主体仍然有待进一步明确。

表2-2 典型补能基础设施设计标准规范

标准规范名称	主编部门	实施日期
《汽车加油加气加氢站技术标准》（GB 50156—2021）	住房和城乡建设部	2021年10月1日
《电动汽车充电设施布局规划导则》（T/UPSC 0008—2021）	中国城市规划学会	2021年12月30日
《电动汽车分散充电设施工程技术标准》（GB/T 51313—2018）	住房和城乡建设部	2019年3月1日
《电动汽车充电站设计规范》（GB 50966—2014）	中国电力企业联合会	2014年10月1日
《加氢站技术规范》（GB 50516—2010）（2021年版）	住房和城乡建设部	2021年5月1日

2015年，国务院印发《加快电动汽车充电基础设施建设的指导意见》，明确指出，新建住宅应按车位100%比例预留配电容量、电缆管线、综合计量箱等充电桩安装条件，其他大型公共建筑物配建停车场、社会公共停车场建设或预留建设充电设施安装条件的车位比例不少于总停车位的10%。《2021年中国主要城市充电基础设施监测报告》的研究表明，虽然南方城市的公用桩建设密度总体高于北方城市，但北方城市的公用桩发展潜力较大，冬季的效能增加幅度更加显著。当前国内大部分城市在出台建筑物充电基础设施配置标准时，忽略南北方城市的差异，"一刀切"现象明显。统计国内43座城市充电桩的配建指标发现，大部分城市均提到的是"住宅建筑100%预留安装条件、公建建筑不低于10%直建或预留安装条件"，配置标准趋同，并未结合城市地域特点。同时，建筑物充电基础设施配置标准中尚未对直流桩、交流桩的配比要求进行明确，部分城市的公建类建筑配置直流桩比例偏低，一定程度降低了电动车辆出行全过程的临时补电体验。

五、设施建设面临挑战，车能融合潜力亟待开发

在设施建设方面，城乡智能充电网络面临诸多问题与挑战，如图2-8所示。

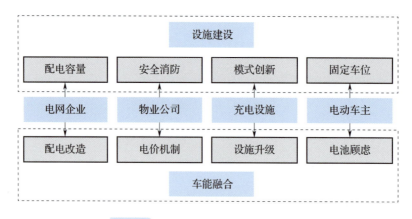

图2-8 城乡智能充电网络问题与挑战

（一）充电服务

当前城乡智能慢充设施主要采取"自建自管"的模式，电动汽车用户普遍面临停车位不足、电网扩容难、运营维护成本高等问题。

1. 住宅小区停车位和配电容量不足

城乡智能慢充网络建设取决于车主居住条件。截至2020年末，我国汽车保有量达2.81亿辆，而截至2020年末，我国停车位仅约1.3亿个，车位缺口巨大，严重制约了城乡智能充电网络的建设。国内住宅建筑车位配比由当地城市规划设计管理技术要求而定，以北京市为例，住宅建筑配建停车位指标因居住项目类别和区域类别有所差异，例如三类地区商品房指标为1.3车位/户[一]，而旧城地区租赁类保障性住房仅为0.3~0.4车位/户，平均约为1车位/户[二]。考虑到一户多车等因素，小区停车位不足将对私人充电桩建设形成较大制约。

配电方面，目前一般住宅小区每户配电容量约6kW，但一台普通慢充桩的额定充电功率就达到7kW，对应变压器扩容成本接近2000元，配电网升级成本巨大。小区既有配电容量仅能保障生活用电，无法同时满足居民电动汽车无序充电用电需求，一方面易形成生活用电与汽车充电抢负荷的情况；另一方面由于本身稀缺的负荷资源缺乏统一规划、管理，势必造成小区充电设施安装上"先到先得，后到不得"的矛盾。国家电网负责增容改造也面临投资大、回收期慢、扩容功率不确定及建设周期长等巨大压力。居民小区特别是已建小区，现有配电网均未预留足够充电桩接入的接电开关、电力通道井和电缆桥架等，如无统一规划，实现"逐户单桩"困难重重。

2. 私人充电设施建设流程复杂、监管难度大、安全责任主体不明

私人充电设施建设牵涉多方主体，用户需经历准备材料、申请用电、现场勘察、施工建设、接电确认、运营维护六个步骤（图2-9），居民还需自行协

[一] 三环路至五环路之间、五环路以外的中心城区和新城集中建设区、北京城市副中心。

[二] 数据来源于《北京市建筑物配建停车位指标》。

调业主委员会、物业、整车企业、供电企业等多方主体，单靠个人报建困难重重。

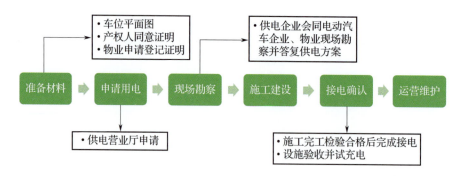

图 2-9 居民小区充电基础设施建设流程

一是自用充电桩建设监管困难、维护管理缺失，可能存在施工、辅材质量问题以及漏电、火灾等严重安全隐患。二是安全责任主体无法落实，居民既不具备消除安全隐患的能力，也无法承担安全事故的后果，居民、整车企业、物业、供电企业安全责任难以划分，留下安全管理盲区。按照相关文件规定，充电设施所有权人应自行或委托物业维护管理，但居民个人或物业均不具备充电设施专业维护能力，造成事实上的维护管理缺失。三是如果缺乏保护措施，无序充电也势必影响电网安全。

3. 私人充电桩共享模式面临阻碍

目前星星充电、特来电、云快充等均在提供私人充电桩共享服务，蔚来、小鹏等整车企业也联手推出充电共享服务，但目前共享充电桩数量仍然较少。截至 2022 年 5 月，共享私人充电桩为 74345 个[一]，仅有 3.4% 私人充电桩参与共享[二]。究其原因，共享充电桩平台建设、外部车辆进社区、停车位调度与管理、充电计量与缴费等问题是私人充电桩共享面临的主要制约因素。此外，基于"统建统管"的共享充电还需进一步创新商业模式。按照"自建自管"模

[一] 数据来源于充电联盟。
[二] 数据来源于前瞻产业研究院。

式，由于整车企业销售电动汽车时采取随车赠桩（含施工安装），车主使用期间仅需支付电费，而按照"统建统管"模式，由于第三方运营商须对居民小区配电设施统一改造和必须使用软件互联互通管理实现有序充电，为收回投资成本，还要在电费基础上向车主收取一定服务费用，导致部分车主对统建统管模式存在抵触情绪。

（二）车能融合

尽管城乡智能充电网络是未来车能融合的核心场景，但当前住宅及办公场所充电基础设施仍难以满足车能融合需求。

1. 设备升级改造成本高，缺乏可持续运营模式

首先，实现车能融合需要充电桩与配电网协同升级，但目前配电网智能化改造成本分摊方式尚不明确。根据《输配电定价成本监审办法》（发改价格规〔2019〕897号），对输配电业务相关的固定资产可按规定折旧计入输配电定价成本，而输配电固定资产具体包括输配电线路、变电配电设备、用电计量设备、通信线路级设备、自动化设备级仪器仪表、检修维护设备等，而并未对配电网智能化改造成本范围进行明确界定。尤其对于居民小区而言，老旧、新建住宅情况各异，配电设施投资运营维护权责主体复杂，对引入充电增值服务商业模式带来较大挑战。

其次，目前V2G（Vehicle to Grid，即新能源汽车对电网送电技术）市场规模小，导致单桩设计、生产线成本分摊高，V2G充电桩的实际价格远高于常规充电桩，而国内居民用电价格偏低，且绝大部分地区实施固定电价政策，电动汽车在居民小区开展车网互动的经济效益远低于其成本投入。

综上原因，当前车能融合项目仍然较少，有限的V2G试点主要针对工商业用户本地电压台区内自平衡为主，并以工商业场景1+N商业模式（削峰填谷+多种电力辅助服务）拓展为主要方向，而广大私家电动汽车无法向更高电压等级电网反向送电，极大限制了广大电动私家车的储能潜力。

2. 居民电价机制有待完善

尽管随着电力市场改革深入，电动汽车等电力需求侧资源的市场主体定位日渐清晰，但现有的市场化改革更多面向工商业市场主体，居民用户市场化交易的空间仍然较小。根据国家发展和改革委员会印发的《关于进一步深化燃煤发电上网电价市场化改革的通知》（发改价格〔2021〕1439号）要求，各地要有序推动工商业用户全部进入电力市场，按照市场价格购电，取消工商业目录销售电价，10kV及以上的用户要全部进入。与此同时，文件也明确要求继续保持居民、农业用电价格稳定，居民、农业用电由电网企业保障供应，执行现行目录销售电价政策，各地要优先将低价电源用于保障居民、农业用电。此后发布的《关于组织开展电网企业代理购电工作有关事项的通知》（发改办价格〔2021〕809号）也提出各地执行保量保价的优先发电（不含燃煤发电）电量继续按现行价格机制由电网企业收购，并强调要加强代理购电与分时电价政策的协同，在现货市场未运行的地方，电网企业代理购电用户代理购电合同未申报用电曲线，以及申报用电曲线但分时电价峰谷比例低于当地分时电价政策要求的，用户用电价格应当按照当地分时电价政策规定的时段划分及浮动比例执行。但政策执行情况各异，26个省市自治区电网企业相继发布的2021年12月电网代购电价范围是0.25~0.50元/kW·h，加上输配电价和政府性基金附加，其峰谷价差普遍比目录电价中分时电价要小。可见，当前我国电价形成机制仍存在较多历史遗留问题，居民用户电价机制与车网互动场景仍有待衔接。

3. 辅助服务规则不明，服务场景开发不足

辅助服务方面，现有政策在运行管理、安全标准、通信方式、调度规定等方面并未对车网互动给出明确细则。首先，现有需求侧资源参与辅助服务集中在大体量、集中式工业负荷上，但分散且数量巨大的私人充电参与各类辅助服务场景的商业模式开发不足。其次，各地辅助服务政策往往对电力容量、响应时间等设置了较高准入门槛，单台位于住宅及办公地点的充电桩负荷较小，需

要第三方主体以聚合方式与调度中心、交易中心衔接，这也增大了车网互动成本。

4. 车网互动对动力蓄电池性能的潜在影响引起用户顾虑

车网互动势必影响电动汽车充电自由度，可能引发部分车主对车网互动产生顾虑。特别是在共享充电桩模式下，车辆接入电网的时间有限，更限制了用户参与车网互动的灵活度。此外，电动汽车车主也普遍存在 V2G 对动力蓄电池寿命和续驶里程影响的顾虑。理论上，动力蓄电池技术路线、充放电工况、工作温度及湿度都会影响动力蓄电池的储电能力，大量研究也表明 V2G 运行会加速动力蓄电池老化。尽管随着车辆续驶里程能力的提升和动力蓄电池成本的下降，车主对动力蓄电池衰减的敏感度可能下降，但其对车网互动的潜在影响仍然不容忽视。为打消用户顾虑，部分新能源整车企业在原有动力蓄电池质保标准的基础上增加了 V2G 循环的质保服务，基于累计充放电循环（电量）的动力蓄电池质保标准也有助于消解用户顾虑。但上述模式创新仅处于初步探索阶段，用户对此的反馈仍有待观察。

六、配套建设大规模发展，电网承受巨大冲击

新能源汽车规模化发展将给电网侧带来冲击。根据本书课题组测算，碳中和情景下，中国 2025 年和 2030 年新能源汽车保有量将分别达到 3964 万辆和 10937 万辆。

假设，2025 年乘用车、客车、轻型货车、中重型货车平均电耗分别为 13、71、44、72kW·h/100km，到 2030 年分别可降为 12.6、66、42、68kW·h/100km；乘用车、客车、货车年里程分别按照 1.3 万、6 万与 5 万 km 测算。

充电桩总数量以 2020 年车桩比 3∶1 为基准逐年下降，2025 年车桩比预计将达到 1.95∶1，2030 年预计将达到 1.3∶1。假设私人充电桩占比逐年上升，以 2021 年公共桩占比 46% 为基准，2025 年和 2030 年公共桩占比将分别下降至 34%、16.5%。

假设所有充电桩可能在同一时间供电,功率负荷100%;公共直流桩功率按照平均70kW、公共交流桩及私人桩按照平均7kW计算。2030年新能源汽车充电需求将达到258TW·h/年,所有车充电的最大功率或达到1200GW(表2-3)。

表2-3　2025年与2030年新能源汽车充电需求分析

需求项	2025年	2030年
年充电量/TW·h	98.7	258
最大功率负荷/GW	292	1200

新能源汽车补能需求对电网侧的冲击在大城市尤为明显。以新能源汽车保有量较高的北京为例,测算到2025年居住区内年充电电量需求情况见表2-4。预计"十四五"期间居住区私人充电桩增加34.5万个,新增充电负荷241.5万kW,小区公共充电桩增加4.9万个,按照直流充电桩与交流充电桩1∶4比例配置,预计新增充电负荷47.04万kW。

表2-4　2025年北京居住区充电量情况预测

新增电动汽车占比	服务车辆类别	居住区充电车辆数量/万辆	居住区年充电量需求/亿kW·h	居住区年充电服务次数/万次
100%	私人乘用车及公务车	77.33	12.37	8042.32
	出租车	0.39	0.41	101.40
	合计	77.72	12.78	8143.72
90%	私人乘用车及公务车	69.60	11.14	7238.09
	出租车	0.35	0.37	91.26
	合计	69.95	11.50	7329.35
80%	私人乘用车及公务车	61.86	9.90	6433.86
	出租车	0.31	0.32	81.12
	合计	62.18	10.22	6514.98

注:资料来源于国家电网北京电力编制的《北京市居民区有序充电运营模式研究报告》。

第二节　构建新能源汽车市内补能体系的策略

一、推动各层面规划体系协同

从宏观来看，市内补能协同发展需要政府管理部门和政策制定者在前期发挥统一规划布局和规范的作用，通过统筹新能源汽车发展趋势与城市和交通规划，明确建设主体，科学配置资源与需求，实现市内交通补能的协同发展。

（一）完善交通能源设施与城市规划协同的政策规范体系

新能源汽车补能基础设施与城市规划的协同离不开标准规范体系和一系列的政策支撑。当前国家层面的标准、规范、导则大多从选址、布局、功能、安全间距等角度对交通能源场站设施的规划设计给予指导，亟须补充总体规模方面的规划指引，以期对不同类别场站设施的占地面积进行整体管控。既有的 GB 50137—2011《城市用地分类与规划建设用地标准》仅仅对"加油加气站"的用地类别进行了界定，而充换电站、加氢站、光储充一体化设施等新型场站有待在规范中进一步明确其用地类别，使控制性详细规划、修建性详细规划在编制过程中能够更精细地落实补能基础设施的用地范围。针对多地出台的充电桩配建标准"一刀切"现象，建议有关部门在指导配建标准的制订或修订时注重南、北方城市间的差异，强化本地充电基础设施运行特征的研究，同时增加公建类建筑中直流桩的配比要求。

在补能基础设施规划的实施推动阶段，建议推行"规建分离""奖惩共促"等政策措施，兼顾设施的建设进度和运行成效。以充电基础设施为例，建筑用地的充电桩可按照地区的充电设施配建标准进行建桩条件的预留，实际配装遵循"控制总量、盘活存量"的原则逐步推进，避免盲目建桩造成的资源浪费。

在奖励措施方面，可将既有充电基础设施补贴政策由建设补贴向运营补贴倾斜。例如，上海 2020 年出台的《上海市促进电动汽车充（换）电设施互联互通有序发展暂行办法》中，运营补贴上限由每年 200 元提升至 800 元；北京 2020 年出台的《2020 年度北京市单位内部公用充电设施建设补助资金申报指南》和《2019—2020 年度北京市电动汽车社会公用充电设施运营考核奖励实施细则》确定了单位内部公用充电设施、社会公用充电设施的运营补贴标准，最高奖励 106 元/kW·年，奖励上限为 20 万元/站·年；成都 2020 年出台的《关于组织成都市 2020 年第一批新能源汽车充电设施市级补贴申报工作的通知》确定了充电运营补贴细则，按充电量分阶梯进行补贴。

针对高峰时段占据充电车位的燃油车辆、超时占桩车辆，逐步明确惩罚措施。例如，2019 年嘉兴通过《嘉兴市文明行为促进条例》，其中第十条第四款和第二十二条第二款规定，"妨碍他人使用机动车公共充电桩的，责令整改，可以处二十元以上二百元以下罚款"进行行政处罚。2021 年 4 月 1 日起，北京正式实施的地方标准《电动汽车充电站运营管理规范》明确提出，电动汽车充电站应引导燃油汽车不得占用充电专用泊位，宜采取人工辅助、智能化技术等解决非充电车辆、完成充电车辆占用充电车位的问题。

（二）建立交通能源基础设施一体化监测平台

随着各种新能源汽车技术的发展，城市将涌现出更加丰富的新能源车型，衍生出更加多元复杂的应用场景。补能基础设施作为"新基建"的重要组成部分，为各种新能源车辆的及时补能提供了重要的空间保障。为了实时摸清底数，找准短板，统筹协调各类补能基础设施建设，与城市空间发展规划相协同，有必要建立城市新能源汽车补能基础设施一体化监测平台，提高城市信息化、智能化管理水平，深化新能源汽车补能基础设施的供给侧结构性改革。

该平台应融合传统的加油加气站和新型的充换电设施、加氢站、光储能一体化设施、综合能源站等各类补能基础设施，实现科学监测和动态跟踪。平台主要功能包括：

1）将城市新能源汽车补能基础设施的选址、规模、补给能力、运营效率等信息统一汇总，形成权威的综合管理数据库，实现数据的实时查询、统计以及可视化。

2）从规模、布局、结构、效能等角度构建监测指标体系，为城市管理者编制设施规划、相关企业运营者建设选址等提供决策支撑。平台指标体系建议见表2-5。

表2-5 新能源汽车补能基础设施一体化监测平台指标体系建议

类别	一级指标	二级指标
规模	设施密度、占地面积比、车均设施比等	车桩比、公用充电桩密度、充换电站占地面积比、加氢站占地面积比、综合能源站占地面积比等
布局	用地覆盖率、人口覆盖率等	公用充电桩900m半径用地覆盖率、换电站2km半径用地覆盖率等
结构	车辆结构、补能结构、权属结构等	随车配桩比、公私充电桩比、直流桩占比、共享私人充电桩占比、分类补电能量比等
效能	设施利用率、周转率、平均服务时长等	平均桩数利用率、平均时间利用率、设施日均周转率、平均充电时长、平均换电时长等

3）比对年度目标和计划，对各地区城市新能源汽车补能基础设施的实际建成和运营情况进行分类比较，按年度计划完成情况进行综合排序，评估各类基础设施的发展效果，加强对规划建设的考核与检查，作为国家相关部委年度新能源汽车补能基础设施专项资金分配的重要参考。

（三）加强新能源汽车补能基础设施专项规划的协同管控

在新一轮国土空间规划编制体系（图2-10）中，补能基础设施属于专项规划范畴，且主要以加油加气站和电动汽车充电设施为编制对象。部分城市开始尝试编制氢能源产业发展规划，但落实到空间层面的加氢站规划编制数量极其有限。对于储能电池、分布式光伏发电站、"油气氢电"综合能源站等基础设施的空间专项规划编制更加稀缺。为了促进补能能源基础设施的协同发展，在城市有限的空间资源约束下统一加强管控，建议将各分类别的专项规划进行归并，纳入"城市交通能源基础设施专项规划"中统一编制，统筹考虑各种新能源车辆的发展趋势，为未来车辆的转型和应用场景的转换预留补能空间，以适度超前、集约高效、弹性兼容为原则进行规模管控和空间布局，明确城市不同分区对各类补能基础设施的规模管控要求，精准覆盖布设盲区，兼顾基础设施的增量发展和效益提升。

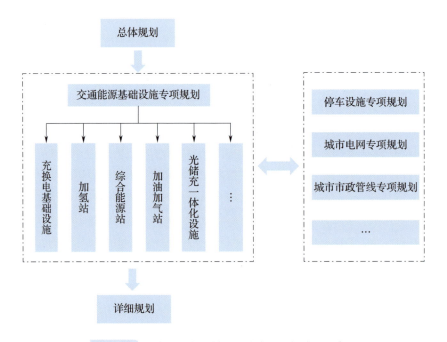

图2-10 城市交通能源基础设施专项规划体系示意图

同时，城市新能源汽车补能基础设施专项规划应当与停车设施、电力设施等其他专项规划相互协同，通过建立反馈机制形成有效衔接，确保交通能源在点、线、面上形成统一的供给能力和服务效力。专项规划的主要内容应纳入城市的详细规划体系，通过纵向传导机制在城市控制性详细规划、修建性详细规划中真正落实各类补能基础设施，保障规划的实施落地和基础设施的建设管控。

在规划管理体制方面，应尽早明确城市补能基础设施专项规划的编制主体、审批主体和审批流程，疏通规划编制的行政管理渠道，避免"多头管理"或"无头管理"。

二、实现多元补能体系有序发展

从中观来看，盘活存量空间的交通能源设施供给模式是打造市内交通补能体系的关键，市内交通补能体系需要充分利用居民小区、停车场以及加油加气站等存量空间，通过科学规划部署，调动各方面积极性，实现补能系统的有序转型。

（一）居住区存量空间的配桩模式

与新建居住小区相比，城市老旧小区停车位供给短缺，供电设施容量有限，物业管理部门通常因增容费用无法落实、电路铺设存在安全隐患等为由拒绝配合充电设施的建设安装工作。住房和城乡建设部在推动实施城市更新行动的过程中，一方面强调要全面推进城镇老旧小区改造，加快建设完整居住社区；另一方面也要求深入开展新型城市基础设施建设试点工作，全面提升城市建设水平和运行效率。2020年8月，住房和城乡建设部联合工业和信息化部等十三部委发布《关于开展城市居住社区建设补短板行动的意见》，明确提出要因地制宜补齐既有居住社区建设短板，优先在居住社区内配建居民最需要的设施，同时推进相邻居住社区及周边地区统筹建设、联动改造，加强各类配套设施和公共活动空间共建共享。

未来，私人充电桩的利用次数将随车辆续驶里程的增加而逐步减少，过度引入私人充电桩将导致老旧小区有限的空间资源条件雪上加霜。建议以老旧小区为代表的居住区采取"统建统营""公桩统配""私桩共享"和"借力共享"等模式，满足日益增长的充电基本需求。

"统建统营"模式是通过对居住区充电桩进行统一规划设计、统一建设改造、统一运营维护，有效融合"多车一桩，临近车位共享"等模式，从而实现居民区充电桩的有序建设和管理，解决城市居住社区，尤其是老旧小区的充电桩安装难、充电难等问题。

"公桩统配"模式是在具备安装充电电源条件的小区空间增设公用桩，引导无固定车位的车主共享小区充电资源，这在全国部分城市（例如苏州姑苏区）的老旧小区中已经开始实践。

"私桩共享"模式是通过建设"私桩共享"平台，使有意向分享的私人充电桩拥有者能够在其闲置时段释放出富余的充电能力，为无桩车主提供充电便利的同时，也能增加其自身收益，实现共赢。截至2021年年底，全国共享私人充电桩保有量为7.43万台，占私人充电桩保有量的比例仅3.4%。

"借力共享"模式是指当老旧小区不具备大量建桩条件时，可优先借力小区周边单位类、公建类建筑的充电桩点位，错时共享解决其充电问题。

建议有关部门在指导全国城市推进城市更新、老旧小区改造行动的过程中补充相关条文，对老旧小区的充电桩配置和片区资源的整合利用给予指导。

（二）既有加油加气站等存量空间的转型模式

利用既有加油加气站等存量空间布局新能源汽车补能基础设施，不仅能够充分发挥加油加气站的布局选址优势，利用场站人力、电力等现成资源，还能够有效节约土地成本，解决补能基础设施土地规划行政审批等问题，同时还可以适度减少城市的危险空间场所。中国石油天然气集团有限公司（中石油）、中国石油化工集团有限公司（中石化）等企业在重点城区、高速公路沿线的加油站布设充电设施，为电动汽车中长距离出行途中的补电提供方便。

随着氢能在2021年3月被正式纳入"十四五规划前沿科技和产业变革领域"，以及国家相关部委补助政策的出台，氢燃料电池电动汽车在城市的应用前景较广，为加油加气站转型与加氢站合并建设提供了契机。佛山作为广东省氢能源发展示范城市，在《佛山市氢能源产业发展规划（2018—2030年）》中提出"鼓励加氢站与加油站、加气站或充电桩合并设置"的原则，计划到2030年全市建成57座加氢站。实际上，车辆在加氢、换电过程中损耗的时长与加油、加气基本相当，均可纳入出行途中的补能范畴，基于设计标准采取合理分区、预留补能设施间距等措施，能够根据车辆类型发展状况适时调整站内布局，为不同能源类型车辆提供更加灵活的解决方案。

建议加油加气站、大型充换电站运营企业和补能基础设施建设主管部门，针对既有交通能源场站空间的集约转型利用建立"自下而上"和"自上而下"相结合的政企对话机制，明确各方在补能基础设施规划、建设、运营等阶段的职责，补充相关政策法规和规章制度，保障交通能源场站设施向"多站合一"方向平稳过渡转型。

（三）现有停车场改造模式

当前，办公楼、办公园区以及商场停车场的电动化改造空间很大。以停车、充电一体化为改造重点，根据居民出行习惯和负荷特性，一方面可以有效契合上班人群工作时间充电的需求；另一方面在距离居民区较近的办公楼和商场等停车区域，可以错峰开放给周边居民使用，在一定程度上解决小区车位和充电矛盾，提高充电设备的利用率，增加充电基础设施建设的经济性，提高建设、运营和管理等各方参与者的积极性，打造高效利用的补能体系。

三、寻求多种技术路径最优解

从微观来看，技术路径的选择是市内交融补能系统建设的重要环节，要综合考虑市内交通的特点、主要场景以及车主补能特征，统筹考虑，选择最优解。

（一）城乡智能慢充网络是基本路径

城乡智能慢充网络是一种覆盖城乡居住区、办公场所，面向日常停车行为，充电功率低于20kW的基础设施。城乡智能慢充网络是电动汽车电能补给的首要途径，是车能融合的主要场景，也是市内补能基础设施的重要组成部分。据统计，目前家用电动汽车充电量75%是通过慢充获得的。

（二）光储充放一体化电站是重要路径

在自然条件适合的地区，建设光储充放一体化电站是当前解决市内补能体系的痛点、实现新能源汽车清洁发展的重要途径。在我国实现"双碳"目标大背景下，建设光储充放一体化电站是实现电动汽车从"低碳"向"零碳"发展的重要举措。光储充放一体化电站不仅能够实现电动汽车的清洁供能，还能够通过储能单元构建一个局部微电网。这样不仅解决电动汽车充电站电容量不足的问题，尤其是城市的扩容问题，还能够通过实现削峰填谷，一方面能够增加新能源消纳，另一方面能够应对超充时代高电压、大电流对电网的冲击，并在电动汽车集中或大规模充电的时间段来平抑电动汽车对电网产生的巨大波动，甚至可以在紧急情况下成为城市商业综合体以及智能楼宇的备用电源。未来，随着光储充放一体化电站经济性逐步提升，该类电站或将成为市内补能乃至城市间补能的重要手段。

（三）有序充电是关键手段

智能有序充电是指电动汽车充电站和充电运营商共享数据的连接，以预测电力供应、电力需求、驾驶需求的充电量，优化充电时间和充电时长，实现科学调度，尽可能多地满足电动汽车车主的充电要求。智能有序充电技术能够极大地提高充电效率，可以在市内补能体系中更加高效以及高质量地服务更多电动汽车。目前，以国家电网公司为代表的充电运营企业已经研发出社区智能有序充电的充电桩和相关能源配套系统，在技术上已经能够做到引导用户分批、按时、按需进行车辆充电。

四、小结

总的来说，打造市内新能源汽车补能系统需要从宏观、中观和微观各个层次分别谋划、科学部署。展望未来，到 2030 年我国电动汽车数量将超过 8000 万辆，2060 年有望突破 5 亿辆，按 80% 为乘用车计算，电动汽车储能容量将分别达到 600GW 和 4TW，日内电量调节能力分别达到 4TW·h 和 60TW·h，届时与波动性绿电体量相当。

规划层面，充电基础设施"统建共享"模式将加速推进，政策将鼓励充电设施企业、电动汽车企业、第三方平台企业等单位与自用充电桩产权人达成协议，实现自用充电桩共享利用，提高资源利用率。

机制层面，国家能源局印发的《电力辅助服务管理办法》也将电动汽车充电网络可调节负荷纳入市场主体，为参与电力市场交易奠定了基础。电价方面，居民分时电价政策已提上议程。随着面向分散电力用户的电力市场机制和分时电价政策的不断完善，车能融合的经济性将得到进一步保障。

技术层面，以车桩协同、有序充电为核心的小功率直流充电解决方案将成为住宅小区、办公场所充电场景的重要技术路线。此外，小功率直流充电易于叠光叠储，通信带宽也能够更好支撑各类车网互动的应用需求。此外，建立"手机 App + 运营维护云平台 + 智能充电桩设备"的模式，也将是未来城乡充电设施运营维护管理的发展方向，实时、全面地监控充电站的运行参数，利用大数据和移动互联技术，将配电设备和充电设备的电气参数与信息上传至云端，实现大数据存储与运算，对于运行异常立即进行自动应对处理并发出告警，通过大数据智能计算提供参考解决方案，并进行工单派发和管理，将极大提升充电站的运营维护效率和运行的安全性与可靠性。

未来电动汽车灵活性资源有望借助住宅小区、办公地点充电智能充电设施升级，首先与分布式可再生能源在微电网层面形成互动，提升分布式可再生能源自发自用水平。随着电动汽车数量的增加，电动汽车将以有序充电、V2G等方式支撑配电网运行，从而降低或延缓配电网投资，并实现更大范围分布式可再生能源的就近利用。长期来看，城乡智能慢充网络将释放海量电动汽车充放电调节潜力，为电力系统提供规模最大、成本最低的灵活性资源。

第三章
打造新能源汽车市外补能体系

第一节　市外补能体系构建仍需进一步完善

虽然近几年我国城市对外交通系统充换电基础设施建设步伐明显加快，但城际间交通能源基础设施仍难以满足用户日益增长的出行需求，城市对外交通系统基础设施分布不均、城市群协同配合不足的问题日益突显，具体体现在以下几个方面。

一、充电设施布局不合理，与能源需求时空分布不协调

新能源汽车补能基础设施存在空间和时间上的分布不均。我国充电基础设施发展已呈现出较强的区域性，集聚效应显著。充电桩集中分布于东部地区，尤其是长三角、京津冀、珠三角城市群已成为充电桩的主要集聚地。核心城市充电设施密度大、覆盖率高，城乡地区、景区周边缺少必要的能源补给设施，尚未实现全范围覆盖。在节假日高峰时段，多出现"一桩难求"的现象，难以满足充电需求。2021年国庆假期有409个充电站出现了排队现象，占全部高速公路站点的18%。

二、设施设备种类单一，缺少对多用能主体的综合考虑

目前各充电站充电设施基本都以60kW和120kW为主，充电速度相对较慢，难以满足道路出行场景中的快速补能需求。新一代换电站、氢气站等新能源汽车补能基础设施建设数量和规模仍难以满足需求。

各主体新能源汽车补能基础设施建设较为独立，缺乏协调性和区域间的协同规划，过剩资源难以整合并向社会车辆服务，缺少面向多交通方式用能主体的综合配置。在国家层面的政策指引下，各省市分别推出了相关的规划和意见，缺乏区域间的协同，未将区域一体化发展考虑在内。同时，针对不同类型的补能基础设施，分别指出对应的发展意见和方向，未将不同基础设施间的影响和联动考虑在内。

三、设施利用和运营维护状况不佳，难以形成对绿色出行的引导作用

充电基础设施供应商投资效益差，建设及运营成本高、运营模式单一、回报周期长等因素导致许多充电桩陷入无人维护甚至停业的窘境。据汽车充电桩竞争分析调查，目前我国现有的公共充电桩日均使用率不过 1 车，充电服务费对于运营商来说杯水车薪，亏损成为整个行业的常态。另外，充电桩的质量参差不齐，国家对行业的补贴政策鼓励市场扩大，但是，这也降低了竞争门槛，导致高质量的企业付出更多的成本和资源浪费。25 座大城市平均桩数利用率均值仅为 34.9%，利用率低下。

较低的设施利用率导致运营回报低下，新能源设施建设积极性不高，特别是需求分散的城乡区域。公用设施缺少日常维护，损坏状况频发，经常性停用影响服务体验，难以形成对绿色出行的引导作用。

第二节　构建新能源汽车市外补能体系的策略

一、不同用能场景的市外交通用能需求分析

（一）干线公路用能需求分析

1. 干线公路需求特征

随着公路基础设施的不断完善，公路客运需求逐渐趋于饱和。据交通运输

部数据,2020年全年完成营业性客运量68.94亿人,比上年下降47.0%;完成旅客周转量4641.01亿人·km,比上年下降47.6%;旅客运输平均运输距离67km。

随着"公转铁"等政策的推行,公路货运在全国货运量中的占比逐渐降低,但仍占有绝大部分比例。据交通运输部数据,2021年公路完成营业性货运量391.39亿t,比上年增长14.2%,在总营业性货运量中占比75%;完成货物周转量69087.65亿t·km,比上年增长14.8%,全年货物运输平均运输距离为176.52km。

受经济、人口、公路密度等因素的分布影响,区域间客运密度差异明显。从全国各大区域交通量分布情况看,全国干线公路网交通量分布不均匀。以未受新冠疫情影响的2018年全国干线路网交通量为例(图3-1),华南和华东高速公路出口交通量较高,西南、华北、华中其次,而东北和西北的交通量较低。

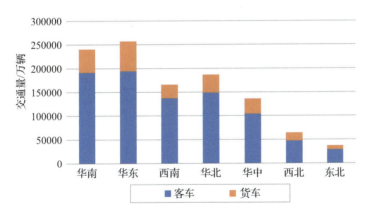

图3-1 2018年全国高速公路区域出口交通量分布情况

注:资料来源于《2018年度中国公路网运行蓝皮书》。

从车辆流向看,公路货运载货量与运输距离指标对比见表3-1,超过70%的货车从事省内运输,超过20%的货车从事邻省运输,跨省运输货车占比较小,主要集中于大型货车。

表3-1 分流向的货物运输主要指标对比

流向	车流占比（%）	平均载货/t	平均运输距离/km
省内运输	71.8	6.7	57
邻省运输	23.7	14.0	250
跨省运输	4.5	20.4	549

虽然由于中重型货车造价成本高、技术较为复杂，目前整车企业多制造新能源货车，车型为轻型及微小型货车，续驶里程集中在200～300km，可以满足短途出行的需要，但无法支撑跨城际的长途出行。然而，货运能源绿色转型发展为必然趋势，随着技术的进步和发展，新能源货车在长途货运中的应用会更加广泛。因此，长途货运补能基础设施的规划需着眼于未来发展，预留绿色货运规划空间。

2. 干线公路出行过程解析

在干线公路出行中，由于出行距离较长，出行者通常会选择途中停留。考虑到车主和乘客产生停留的需求，以满足餐饮、休息、购物、加水加油等方面的需要，沿线服务区能够为驾乘人员和车辆提供必要的基础服务，同时一些服务区也在向文化、旅行和物流等复合功能服务区发展。另外，货运车辆除了在服务区停靠外，还将在物流园区产生装卸货行为。

此外，干线公路出行距离往往较长，出行者在干线公路出行中的出发时间、路径选择往往还会受到外部环境的影响，特别是货车出行中对价格变化更为敏感，因此充电站位置、充电价格、充电站服务水平也会影响干线公路出行决策，偏好充电站分布密集的路径，以满足出行中频繁的充电需求。因此，新能源汽车补能基础设施常依托服务区建设，以同时满足车辆补能需求和驾乘人员需求。新能源车辆在干线公路上的出行过程如图3-2所示，其全程出行可简化为由起点、在途服务区和终点构成的一系列出行过程。

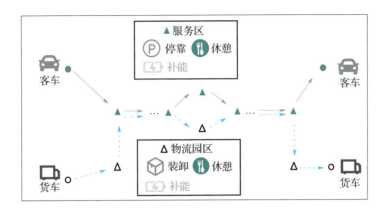

图 3-2　区域干线公路出行过程

（二）县乡道路用能需求分析

1. 县乡道路需求特征

相比于城市的人口和产业集中分布，村镇的分布更为分散，乡县道路作为保障各乡镇和村落连通的道路，覆盖范围更广、总里程更长，导致县乡道路上的出行需求更为分散（图3-3）。另外，县乡道路等级一般较低，尽管近些年在不断加强县乡道路建设，道路等级和覆盖里程不断提升，但相比于城市道路或干线公路，县乡道路沿线经济基础和路侧服务设施仍显不足。

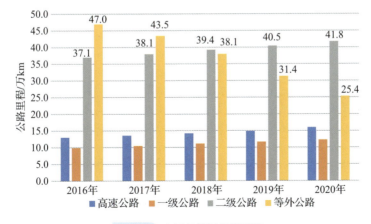

图 3-3　全国各等级公路里程

注：资料来源于国家统计局。

根据中国电动汽车百人会《中国农村电动化调研报告》整理，如图3-4所示，农村居民日均出行里程在30km以内，中远途出行次数较低。尽管当前新能源汽车在农村地区的渗透率相对较低，但在新能源下乡政策的号召下，在农村家庭消费水平接受范围内的、续驶里程200km左右的新能源乘用车能够较好地满足农村居民的出行需求，并且2t以内的新能源货车在农村也具备一定的适用性，在未来农村将成为新能源车辆又一爆发点。

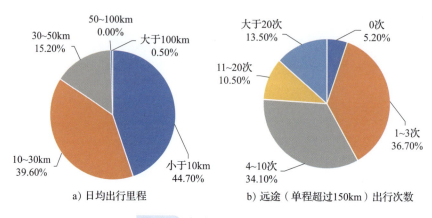

图3-4 农村居民出行特征分布

另外，农村和乡镇地区由于人口密度较低，土地利用较为疏松，具备良好的私人充电桩建设条件。调查显示，在自家院内、住宅就近和自由停车棚可建私人充电桩的家庭占比达到80%，即大部分农村家庭能够对私人充电桩以较为优惠的电价进行补能。

2. 县乡道路出行过程解析

城乡出行距离短，远途出行频率低，且城乡居民私人充电桩较为普及、电动汽车续驶里程基本上能够满足城乡个人出行需求，在途的充电需求并不高。但为充分满足城乡居民的出行需求，响应新能源下乡政策，保障能源供给的公平性，避免城乡用户因在途电量不足产生的里程焦虑和意外情况，仍需要结合县乡道路和城乡居民出行特点进行面向社会的充电设施规划布设。

县乡道路一般连接多个村镇，村镇既是出行的起终点，也可以成为出行经停休憩点，供出行者停车、休闲和处理事务等，如图3-5所示。另外，尽管县乡道路等级不高，但仍在道路两侧设有加油站等服务设施，可供出行者在此经停。

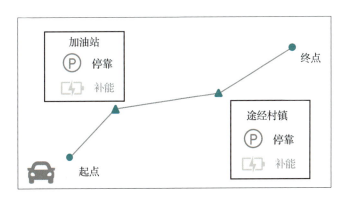

图3-5 县乡道路出行过程

在进行县乡道路新能源汽车补能基础设施规划时，考虑到城乡出行距离较短，新能源汽车续驶里程足以支撑出行距离，且居民较少产生在途充电需求，主要采取"需求响应、适度超前、科学布局"的策略，建设以出行起讫点为主、沿途为辅的城乡区域充电网络。在城乡起讫点的村镇中重点建设慢充桩，在县乡公路上，因地制宜结合路侧加油站、停车场、公交场站等设施建设公共快充桩。

（三）旅游公路用能需求分析

1. 旅游出行需求特征

近年来，我国国内旅游出行增长迅速，如图3-6所示，旅客人数接待量从2012年的29.57亿人次增长到2019年的60.06亿人次，年增长率为10.96%，即使受到新冠疫情影响，2020年，我国国内旅游人数仍有28.79亿人次。

其中，自驾游人数也在持续增长，占到国内旅游人数比例的半数以上，2019年自驾游人数达到了38.4亿人次，占全国旅游人数的64%；2020年受全国旅游人数下降影响,自驾游人数下降至22.4亿人次,但占旅游总人次的比例高达78%。

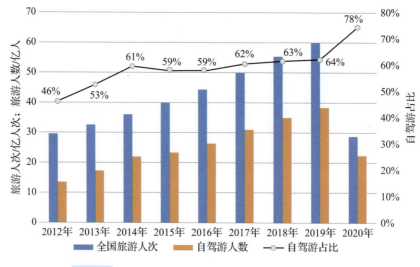

图3-6 2012—2020年我国旅游人数和自驾游人数统计

注:资料来源于中国旅游研究院(文化和旅游部数据中心)、中国旅游车船协会。

从出行距离(图3-7)来看,2019年自驾游人均出游距离为545km,受到跨地区防疫政策的影响,到2020年下降到253km。其中,自驾游俱乐部游客(由经营机构组织出游的)的出行距离更远,500km以上的出游距离占比达到66.70%,在自驾长途出游中,跟随自驾游俱乐部等机构能够更大限度地保证远途出游的安全。

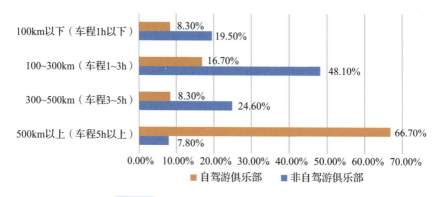

图3-7 2020年我国自驾游出行距离分布

从出行时间（图3-8）来看，自驾出游时间分布不均衡性突出。自驾游出游时间集中，60%以上的出游时间在周末和节假日期间，旅游旺季和节假日期间众多自驾游车辆聚集在景区周边和沿线公路，带来短期集中的用能需求。

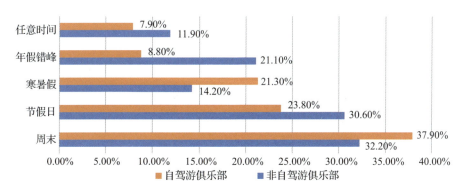

图3-8　2020年我国自驾游出行时间分布

从区域空间来看，自驾游活动基本是在各大核心城市群范围内进行的位移和消费。在东南沿海和长江流域一带，这些地区城市密集，道路网可达性高，多中心、多层级、多节点的网状城市群覆盖了绝大部分的出行范围，在城市群范围内的中短途休闲出游占据了较高的旅游出行量，自驾出游游客也能够充分享用到城市群既有基础设施和服务。而在中西部和西北部地区，区域面积大，由于城市分布较为稀疏，旅游景区间隔较远，单次出游距离相对较远，沿途基础设施建设相比东部地区稀疏，甚至伴随通信信号不稳定和无人区等长距离无服务区域，长距离自驾出行对车辆能耗补给要求很高，对新能源车辆有一定的挑战性。

2. 旅游出行过程解析

在自驾旅游中，根据出行距离可以分为短途出游和长途出游，其中短途出游又可以根据出行的时长分为单日出游和多日出游。

在单日短途出游中，出行者一般以家作为旅行的起点，连续地前往多个目的地，直至游玩结束后才会返回终点的家中，如图3-9所示。一般单日短途出游中，除在家中的补能外，有可能在游玩途中产生补能需求，在自驾至景区、餐馆等停靠场所时，利用在经营场所的停车场停靠时间进行补能。单日短途出游在各停靠点的停靠时间一般都较短，且单日出游距离也比较短，出游者往往能在家中或家附近获得价格更合适且使用熟悉的补能途径，因此单日出游中补能的需求相对较少。

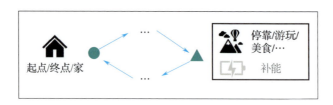

图 3-9　单日出游过程示意图

多日短途出游是自驾旅游中最为常见的形式，指出游时长在 2~3 天的周边地区短途出游，也包含以航空和铁路方式前往当地后租车自驾出游。如图 3-10 所示，出行者从起点出发后，在每日游玩结束时一般需要前往酒店、自驾游营地或其他休息场所休息。夜晚休息时一般有较长的停靠时间，相比于白天在景区、餐馆等停靠场所补能的时间更充分。多日长途出游指出

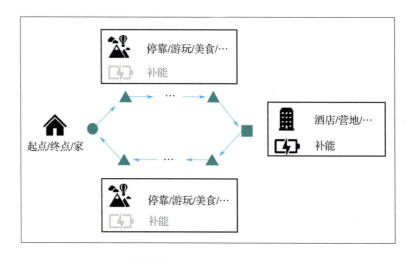

图 3-10　多日出游过程示意图

游距离和时间均较长的自驾游形式，一般出行时间在一周至半个月。在长途出游中，一般跟随自驾游俱乐部或组队自驾游，单日出游距离更长，甚至有"换人不换车"的轮班赶路需求，此时对与景区、服务区、住宿等停靠区结合快速补能设施具有更高的要求。

（四）枢纽对外出行用能需求分析

1. 依托枢纽的对外出行需求特征

在城市群内部，核心城市与周边城市具有密切的交通联系，形成了广泛的跨城市通勤出行、商务出行和私人出行（文化旅游、探亲访友等）。同时，在城市群对外出行中，依托城市群综合交通枢纽，能够为跨城市群的远距离出行者提供便捷的解决方案，特别是为缺少直达方案的中小城镇提供便捷的旅客联运服务。

（1）城际出行需求持续增长，城市群内部出行规模化特征显现

在高速公路、铁路和民航等城际交通方式的快速发展下，城际间密切的经济活动带来城际出行需求的快速增长，特别是特大型城市对外的城际出行人数不断提升。同时，在城市群内部广泛的产业和经济联系下，城市群内部的城际出行已显现出规模化特征。

2018年国庆长假期间，城市群贡献了全国主要的跨区域出行量，从图3-11中可以看出，长三角、珠三角、京津冀三大城市群的跨域出行紧密程度明显高于其他区域。其中，长三角城市群之间的跨区域出行量占到全国的总跨域出行量的14.5%。

迁徙大数据显示，长三角城市群2018年9月工作日每日出行规模达到150万人以上，而周五和周末的出行总规模更高，约220万人，在国庆节前夕出行总量能达到250万人以上，甚至接近400万人。

根据国家发展和改革委员会公布的数据，2018年京津冀城市群内的铁路客流是京津冀城市群与其他主要城市群铁路客流的2.72倍，京津城际铁路旅客

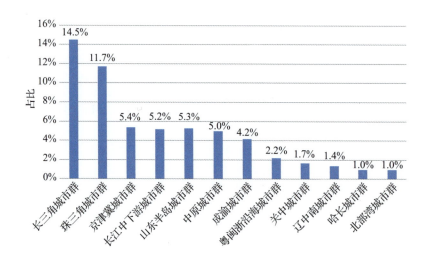

图 3-11 2018 年国庆期间各城市群占全国总跨域出行量的比例

注：资料来源于阿里研究院、21 世纪经济研究院《打造全球数字经济高地：2019 数字长三角一体化发展报告》。

发送量 3052 万人次，也就是日均将近 10 万人次往返于京津沿线城市。

（2）城际出行多样化，城市群内部出行常态化

城际出行具有多样化的出行需求，如通勤出行、商务出行和旅游出行等。大量的跨城市通勤出行构成城市群内部的常态化出行需求，长三角城市群中，上海与周边城市已经形成了较大规模的跨城通勤双向联系，每日达 7.66 万人以上的跨城通勤者往返于上海市域与周边的苏州、嘉兴、无锡、南通等地级市，在上海市域、中心城区、新城的跨城通勤入出比分别达到了 1.98、5.10 和 2.45，方向不均衡性非常明显，给城市中心区域的交通枢纽带来较为沉重的压力[一]。另外，商务出行和区域旅游出行也对枢纽的便捷性、周转性和容纳能力提出了更高的要求。

在出行方式上，城际铁路枢纽作为城市内部与外部交通系统的接驳地点，成为新能源车辆出行的热点区域。在较远距离的城际出行中，多种方式的联程

[一] 同济大学建筑与城市规划学院发布的《2021 长三角城市跨城通勤年度报告》。

出行弥补了中小城镇缺少直达交通方式的不便，为整体运输资源配置节约了更多的成本，但也对多种交通方式在枢纽的集疏散和服务保障的综合能力提出了较高的要求。同时，路面拥堵严重和轨道快速外延的双向趋势下，大运量的城际铁路、市域（郊）铁路和城市轨道网络也成为支撑城市群都市圈出行的重要手段，给常态化的通勤出行提供便利，并产生了"停车换乘"（P+R）的交通模式，私家车通过停车换乘轨道交通的方式快速进入城市中心区域，充分发挥二者的双重优势，成为城际出行中的重要组成部分。

2. 枢纽对外出行过程解析

城市群作为城际出行主要产生的区域，进一步可分为城市群内部出行和城市群对外出行。在城市群内部出行（图3-12）中，具有广泛的通勤出行、商务和休闲出行需求。小汽车在城市群内部出行中普遍被认为具有很强的竞争力，但随着综合立体交通网的建设，市域（郊）铁路、城际铁路的快速发展，准时、高效率的轨道交通出行方式逐渐替代小汽车出行，完成部分跨市域出行任务。特别是在都市圈内部，依托于综合交通枢纽，通过小汽车前往枢纽（或站点），再由轨道交通运送至城市中心地区的"P+R"出行模式在避让城市道路拥堵、节省出行成本上具有较大优势，在城市群的通勤出行中得到广泛使用。

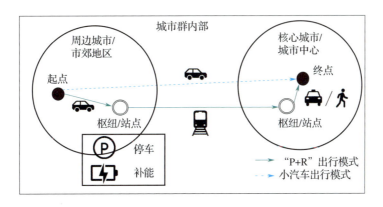

图3-12 城市群内部出行过程

而在城市群对外出行（图3-13）中，由于出行距离远，单一交通方式优势性不明显，旅客联程运输成为城市对外出行的重要方式。旅客通过多种交通方式的多段行程开展城市对外出行，例如采取航空、高铁等出行方式，小汽车则被用于枢纽与起、终点的接驳，综合交通枢纽成为新能源车辆补能的关键场所。在综合交通枢纽内部，除私人小汽车外，枢纽运营车辆（如机场巴士、摆渡车、设有场站的公交车等）也同时具有较高的补能需求。

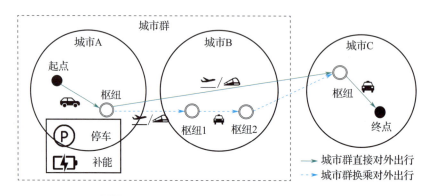

图3-13 依托综合枢纽的城市群对外出行过程

二、遵循协同规划原则和思路，打造市外交通补能体系

（一）协同规划原则

对外交通系统中的新能源汽车补能基础设施规划以能源需求为导向，在遵循用能特征、保证服务能力的基础上，在规划中体现以下原则。

1. 统筹规划，综合部署

统筹城市对外交通系统与能源供给系统的协同发展，在区域层面对新能源设施设备进行综合部署，优化补能基础设施空间布局，提高能源供给能力和供给效率。

2. 保证公平，适度超前

新能源汽车补能基础设施作为一种服务公众的社会资源，应坚持社会公平的原则，适度超前建设，保证新能源车辆使用者的最基本补能需求能够得到满足。

3. 挖掘存量，按需规划

充分利用交通系统现有的空间存量，挖掘交通系统设施的潜力提升，遵循能源需求的客观规律，集约节约利用土地资源。

（二）协同规划思路

如图3-14所示，规划思路要面向各城市对外出行场景，解析新能源车辆出行过程，分析各场景下的能源需求特征，在对补能需求时空分布的精准估算基础上，考虑多主体用能差异和设施适用性，融合能源网络与交通网络，适度超前地对设施进行空间布局、类型设计和容量规划，从整体上提升对外出行网络的能源供给能力和供给效率，为长距离绿色出行提供便利。

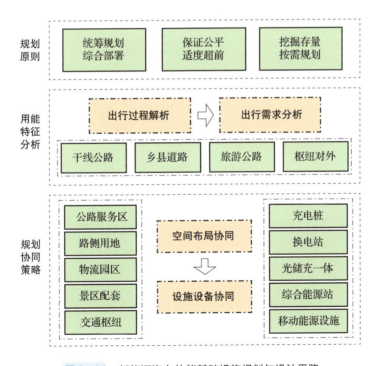

图3-14 新能源汽车补能基础设施规划与设计思路

三、市外补能体系协同规划策略

协同规划策略主要包括市外交通空间布局的协同以及各地区设备的协同。针对对外交通系统的用能特征和出行过程，充分利用新能源车辆在出行中的经停场所，在精准估算需求的基础上，对新能源汽车补能基础设施的空间布局、类型及容量进行规划设计。

（一）空间布局的协同

新能源汽车补能基础设施的空间布局需结合城市交通系统的出行特征，与现有交通基础设施协同，挖掘已有服务区、观景区等设施的空间存量，提升现有设施的服务能力，满足新能源车辆出行的便捷性。

1. 公路服务区

在长途出行中，驾驶人和乘客具有停留的需求，且停留休息的同时通常会选择充电。因此，应将新能源汽车补能基础设施纳入高速公路服务区配套基础设施范围，推进服务区与基础设施一体化建设。鼓励高速公路服务区在打造传统功能的基础上，支持有条件的高速公路服务区改造升级，不断拓展其延伸功能，完善服务区内的文化、运动、休闲服务设施及安全设施，提升充电等待时间的用户体验。

2. 路侧用地

对于低等级道路，由于缺少标准化建设管理的服务区，可以在考虑补能安全性和公路可达性等方面的基础上，适当在空置用地规划新建充电服务设施，增设充电服务点。在道路空间有限的情况下，路侧加油站、停车场、公交场站等服务设施在升级改造后，也可为途经的新能源汽车提供快速及时的补能服务。

3. 物流园区

考虑到货运交通的路线、起讫点较为固定，可以在起讫点或中途停靠的物流园区布局基础设施。

4. 景区配套

由于旅游出行的目的性较强，时间和地点比较集中，利用停车和游玩时间完成补能将是自驾游车主的首选。可以根据实际情况在自驾游营地、旅游景区停车场、旅行酒店、沿途餐馆等区域布局基础设施。

5. 交通枢纽

交通枢纽作为城际出行的集疏散关键节点，能够为新能源私家车、出租车（网约车）、公交车以及交通枢纽的专用车辆等车型提供补能服务。

（二）设施设备的协同

在明确设施空间布局的基础上，需要结合区位条件、客流特征和用能需求，采用适宜的设施类型。

1. 慢充式充电桩

慢充式充电桩的功率较低，完成充电所需时长较长，往往用于交通出行的端点位置和过夜停车场中，如大型景区、中途酒店、货车物流园区和对外枢纽。慢充式充电桩一般作为补充性设施，往往需要搭配快充站共同规划，满足多样式的充电需求。

2. 快充式充电桩及新一代换电站

在干线公路两侧服务区建议布局以超快充、快充和换电为主的基础设施，以满足出行者频繁快速的补能需求，提高补能效率，提升设备的周转率。针对小型服务区，可支配空间较为局限，可增设占地空间较小的快充桩。在大型服务区，除快充桩外，可将一些未经充分利用的区域（如空置道班）改造为新型换电站，进一步提升充换电效率。

针对客运流量较高的干线公路沿线，如京沪高速上海段、北京段和一些重点城市群联络线等繁忙服务区，在延续现有政策（每个服务区四个充电桩）的基础上，适度超前建设，增加充电桩数量，以保证满足途经车辆的补能需求。

针对大型货运车辆常停靠的服务区，如内蒙古、山西、陕西等重载货运需求较高的地区，在公路服务区应尽量客货分离，可增设面向货运车辆的专用充换电区域。还可以考虑与运输企业、整车制造企业进行合作，适度超前引入面向电动重型货车的充换电设施。

3. 光储充放一体化设施

对于一些光照充足、采光面积足够的公路服务区、景区停车场和酒店，适宜在建筑屋顶及周边空地铺设大面积的光伏发电设施，建设光储充放一体化设施，在为新能源车辆提供充足能源的基础上，还能够为场所的照明、空调等电力系统供电。

4. 综合能源站

在"停车换乘"出行需求较高的枢纽，私人驾驶的小汽车在远端的停车枢纽（或站点）有较长的停放时间，可以利用远端枢纽完成新能源车辆的能源补给任务，建设大功率快充和常规充电结合的充电站；在近端枢纽，土地资源相对有限，适合布局补能速度更快的大功率充电设施。除了过夜车辆所需的部分慢充设施外，快充设施和换电站能够为过往车辆提供高效的补能服务，特别是面向同种车型的出租车的换电站以及公交换电站建设均具有较好的条件。配合枢纽自身运营的车辆补能需求，"油气氢电"综合能源站能够满足多种交通方式的补能需求。在西部地区航空枢纽，可建设光储充一体化设施。

在大型景区、物流园区，综合能源站的建立能够同时服务于多种新能源设备，充分提高设施的利用率，并降低建设的综合成本，大幅提升系统的整体协同性。

5. 移动能源服务设施

考虑补能需求时空分布不均衡，例如高速公路、旅游公路等，在平日补能需求较少，但在节假日和旅游旺季时的补能需求骤增，建设较大规模的充电设施可能会造成资源浪费。根据旅游出行人数的估计，建议提前调配移动能源服务设施，在降低建设成本的同时有效缓解特殊时期特定区域的用能紧张情况。

综上，根据对充换电设施的技术特点以及不同场景的补能需求分析，各类新能源汽车补能基础设施的适用性见表3-2。

表3-2　各类新能源汽车补能基础设施的适用性

设施类型	适用性分析	备注
慢充式充电桩	出行起讫点、过夜车场、物流园区和交通枢纽	作为补充设施
快充式充电桩	公路服务区、路侧设施、物流园区、交通枢纽	主要的补能设施，根据补能需求调整容量规模
新一代换电站	公路服务区、交通枢纽、市郊大型景区	用能需求较高、可支配空间充足情况下建设
光储充放一体化设施	公路服务区、交通枢纽	光照条件良好、可支配空间充足情况下建设
综合能源站	公路服务区、物流园区、交通枢纽	多种能源主体设备集中区域布设
移动能源服务设施	高速公路服务区、旅游公路	节假日、旅游旺季

（三）运营维护协同

发挥市场的主导作用，在统一开放大市场下，完善新能源汽车补能基础设施的运营维护体系。在国家、省、市三级监管平台下，鼓励开放创新，以促进新能源设施建设和运营维护的市场活力，通过数字化技术提高路网运行监测管理与服务运营能力。

1. 完善政府监督，发挥市场力量，创新商业模式

政府在明确的奖励补贴方案和破除地方保护的同时，还需推广与社会资本合作（PPP）模式，建立统一、开放、公平的市场体系，完善市场退出机

制。根据基础设施建设的场景,合理开发桩体广告、停车服务、票务增值、数据变现等新商业模式,提高社会资本回报率,积极探寻可行的运营资金来源(表3-3)。

表3-3 各场景可行运营资金来源

场景	可用资金来源
高速公路及其服务区	桩体广告;提供咖啡厅、超市等延伸服务;作为酒店停车、充电的配套服务;行车保险等金融产品;充电数据变现
城际道路	桩体广告;提供咖啡厅等可供休憩娱乐的延伸服务;行车保险等金融产品;充电数据变现
市郊旅游景区	桩体广告;景区纪念品等延伸服务;作为购买门票的配套服务;行车保险等金融产品;充电数据变现
对外交通枢纽	桩体广告;作为购买车票、机票的配套服务;行车保险、交通租赁等产品;充电数据变现
城际货运	桩体广告;提供咖啡厅、超市等延伸服务;作为酒店的配套服务;行车保险等金融产品;充电数据变现

2. 完善运营监测体系,创造数据衍生价值

在充电桩运营过程中,通过对电动汽车的充电行为与充电桩的状态进行监测可以得到充电桩本身的状态数据以及充电车辆的行驶数据与状态数据。

从充电桩角度来看,可得到的数据类型有充电站点、充电设施、可充电车辆类型、额定功率等静态数据,以及充电设备及其充电接口的今日充电电量、今日充电次数、今日充电时长、累计充电电量、累计充电次数、累计充电时长等充电数据、状态数据、状态反馈数据、充电结算及智能充电数据、接入车辆、运营天数、正常运营天数、充电功率等动态数据。

从充电车辆角度来看,通过车辆的充电行为,可以获得诸如充电过程中动力蓄电池系统的电压、电流、温度变化等充电状态数据,也可以获得车辆内部

记录的车辆轨迹数据、车辆年限数据、车辆行驶里程数据等。

运营公司可以结合两方面数据建立健全设备监管、事件防控、主动维护等运营监测体系，也可以通过借由充电车辆对充电桩依赖性的天然优势，实行对充电车辆动力蓄电池健康状态、车辆各部位状态的监测，并实时反馈给用户，避免车辆安全事故的发生。通过传输车辆数据进网，可以促进车辆数据传输体系的建立，从而促进车联网的发展。

各运营商应尽快按照要求建立统一的数据交换标准体系以及数据传输体系，完善各地"互联网＋充电服务平台"建设，被动维修变主动维护以提高充电桩质量和数据质量，进一步完善运营监测体系，促进运营监测工作的正反馈循环。

第四章 构建新能源汽车后市场流通体系

第一节 新能源汽车后市场面临新挑战

电动汽车后市场发展既会面临传统汽车后市场已经存在的诸多痛点，也会面临由于基本组成改变后，对维护修理、检测评估、报废回收、金融服务等提出的新要求。目前我国电动汽车相关的数据互通、维护修理、二手车交易、汽车保险与金融服务、能源补给、报废拆解管理及运营服务（如动力蓄电池回收）等问题仍有待进一步解决（图4-1）。

数据互通
- 不互通、不透明、不完整
- 数据安全问题

维护修理
- 维修网点少
- 维修设备需升级
- 人才供给不足
- 技术变化导致维修体系不稳定

二手车交易
- 残值与真实价值背离
- 价值评估体系不完善
- 欠发达地区流通配套欠缺

汽车保险与金融服务
- 专属险种不全面
- 专属险种设计难
- 车险定损、理赔水平偏低
- 出险率高、赔付率高

能源补给
- 基础设施布局前瞻性不足
- 基础设施服务商不盈利
- 基础设施新模式难以体现

动力蓄电池回收
- 政策体系不完善
- 动力蓄电池标准很难统一
- 非正规企业回收乱象

图4-1 电动汽车后市场面临的挑战

一、数据孤岛和数据风险问题

数据不互通、不透明、不完整使各环节服务难以有效开展。在检测环节，数据缺失及不互通等会导致评估检测难。传统人工检测评估已经不适应电动汽车的需求，基于大数据的评估将成为主流，但由于车况信息不透明，整车及动力蓄电池等数据被不同主体掌握且存在部分缺失，使得电动汽车检测评估难以有效进行。在维修环节,车辆故障信息、维修信息数据不足导致维修服务难。虽然电动汽车技术相对成熟,但是全生命周期的典型故障特征、故障规律尚未有全面的总结。同时,主机厂(汽车整车企业)向社会公开的维修技术信息仍然不足,也会影响整个后市场新能源汽车维修服务的升级。在金融服务方面,信息孤岛导致汽车金融服务难。由于电动汽车发展过快,市场缺乏成熟的保险方案。虽然保险公司已针对不同车型和蓄电池设计了解决方案,但保险公司无法获知车况,尤其是动力蓄电池情况,无法以相对合理的保费来提供保障。在安全监测环节,数据采集精度不够将制约大数据分析。当前按照国家法规要求的新能源汽车数据采集精度不能满足动力蓄电池故障预警、动力蓄电池安全和衰减及充电特性等分析。

后市场服务涉及数据泄露风险问题。随着智能网联汽车的应用,数据安全、网络安全及个人信息安全等成为运营服务中面临的新问题。例如,由于车联网服务平台的开放性,理论上攻击者和普通用户拥有相同的权限,可以接入和共享车联网服务平台的各种资源,从而导致泄露用户凭证、泄露用户及平台的敏感信息与隐私信息等(图4-2)。

攻击入口
由于车联网服务平台的开放性,理论上攻击者和普通用户拥有相同的权限,可以接入和共享车联网服务平台的各种资源

攻击方法
跨站脚本攻击、SQL注入、逻辑漏洞、暴力破解、文件上传、信息泄露、拒绝服务、通信协议安全

特点
攻击成本低、物理接触少、危害严重

具体威胁
泄露用户登录凭证、泄露用户及平台敏感信息与隐私信息,可能被获取服务器权限,泄露信息或导致远程控制他人车辆,导致平台无法提供服务,劫持TSP与用户、TSP与T-BOX之间的通信

图4-2 车联网信息服务平台安全风险分析

注:SQL 是 Structured Query Language 的缩写,即具有数据操纵和数据定义等多种功能的数据库语言;TSP 是 Telematics Service Provider 的缩写,即汽车远程服务提供商;T-BOX 是 Telematic BOX 的缩写,即车联网系统中的智能车载终端。

二、维护修理难

1. 维修网点较少导致维护保养困难

由于电动汽车的一些维修设备、零部件掌握在主机厂手中,因此电动汽车车主只能前往获得主机厂授权的 4S 店维修,然而目前电动汽车的授权维修网点密度过低,明显不能满足激增的电动汽车的保养需求。有调研显示,在一些城市新能源汽车用户到最近服务网点的时间约为 50min,同时 60% 以上的电动汽车用户认为提高售后服务网点的分布密度是新能源汽车企业当下最需要改进的地方。

2. 维修工具设备匮乏且不配套

一方面,新能源汽车维修非常依赖自动化的专用工具和软件(表 4 - 1),如故障诊断仪等软件和工具均掌握在主机厂、动力蓄电池企业手中,且部分零部件的维修工具软件由厂商独家供应,很多套件和软件系统互不兼容。另一方面,基于电动汽车电气化的特点,新能源汽车维修对于场地要求较高,例如维修场地需要满足干燥、绝缘、除尘、通风等条件(表 4 - 2)。

表 4 - 1 新能源汽车维修设备要求

项目	说明
绝缘化	高压绝缘手套 高压绝缘鞋 绝缘胶垫 绝缘拆装工具
专用化	专用电池维修诊断工具 高压绝缘测试仪 专用车型诊断仪 下线检测设备(EOL)测试系统
电气化	数字电流钳 数字万用表 电子检测设备 绝缘电阻测试仪

表4-2　新能源汽车维修场地要求

项目	说明
干燥	电动系统必须保持干燥，空气中的水蒸气等水分残留会导致元器件的腐蚀
绝缘	新能源汽车电驱动系统携带高压电，维修工位必须接地防止高压触电
除尘	防止尘埃附着在电子元器件上影响电气设备使用性能
通风	保持电子元器件维持恒定的温度，通风有利于保持干燥无尘的环境

3. 专业性高导致人才供给不足

电动汽车对维修专业性提出了新要求，如电动汽车维修涉及的高压电部件以及动力蓄电池的开包检测等深度作业，相关维修人员极度匮乏，很难满足迅速增长的电动汽车维修保养需求。目前，新能源汽车品牌售后维修技师基本上属于动力蓄电池或整车企业自主培训，并且由于动力蓄电池或整车企业等自主保密性较强，维修技师人才缺口较大。此外，新能源汽车维修技师在原有汽车维修工证的基础上，还需要具备国家认证的电工证（低压电工上岗证和高压电工上岗证）。根据统计，汽车维修行业全国470多万从业人员中，70%左右的从业人员只具备初中文化水平，而真正具备维修和检测能力的从业人员不超过30%。通过短期培训让原从业人员熟练掌握汽车电路原理、电工理论和低高压电等操作难度较大。由于电动汽车与传统燃油汽车结构不同，因此其维修业务具有独特性（表4-3）。电动汽车电气方面的故障主要体现在动力蓄电池、驱动电机与电控系统（俗称三电）等，因此，传统燃油汽车的维修无法满足电动汽车的维修需求。

表4-3　传统燃油汽车和电动汽车常见故障对比

传统燃油汽车	电动汽车
发动机：抖动、积炭、冷却液温度高	动力蓄电池：动力蓄电池管理系统故障、单体蓄电池故障、高压线路故障

（续）

传统燃油汽车	电动汽车
变速器：漏油、打滑、滤网堵塞	驱动电机：电机机械故障、定子绕组故障、转子绕组故障
进排气系统：进气管故障	电控系统：IGBT故障、高压电器系统故障、短路故障
燃油系统：油泵老化、喷油器脏堵	软件系统：软件故障与升级问题
驱动桥：轮间隙异常、差速器异响、驱动桥过热	智能网联相关电子电气：电子控制单元（ECU）及传感器等

注：IGBT是Insulated Gate Bipolar Transistor的缩写，即绝缘栅双极型晶体管。

4. 车辆前端设计不合理导致维修困难

部分整车企业及动力蓄电池等零部件企业研发时，未注重总成或部件可维修性，动力蓄电池包内的模块或电芯难以更换、盲目地把动力蓄电池和整车做一体化处理等，导致售后维修难且成本较高。

5. 车型差异明显，维修难度进一步增加

各品牌车型动力蓄电池系统差异明显，开发统一的维修工具难。电动汽车不同车型间，动力蓄电池系统的结构大小、空间位置均不一致，其所匹配的动力蓄电池电量也不一样。动力蓄电池电量的不一致，会导致动力蓄电池包内部涉及的模块大小有差异，还会影响模块内部配置的电芯和其容量。虽然特斯拉在2015年开始采取标准化平台进行设计，后续生产的车型选择的模块及其结构、空间均一致，但是国内有些电动汽车是基于已有传统燃油汽车改造的，动力蓄电池系统的空间大小、模块和电芯的标准化很难实现。因此，如果动力蓄电池包内部出现了故障，由于缺乏统一的维修工具，相比于服务单一车厂的维修企业，独立的第三方维修企业更难对不同车厂的动力蓄电池系统进行诊断维修。

6. 技术更新换代快导致部分零部件更换难

比如动力蓄电池更新换代速度快，5年前生产的动力蓄电池已经停产，用新的动力蓄电池则不符合规定，一定程度上阻碍了动力蓄电池维修、替换业务的发展。

7. 电动汽车核心技术进步对维修有新挑战

如CTC技术把动力蓄电池的电芯和汽车的底盘集成在一起，CTP技术将动力蓄电池内部电芯直接集成到动力蓄电池包，使得电芯难以更换，这些都导致了售后维修难与成本较高的问题。

三、二手车价值评估问题

整体来看，电动二手车服务体系尚需完善。检测认证、整备定价、物流仓储、车辆销售、金融保险、维修保养及报废回收还存在部分体系建设问题（图4-3）。

图4-3 电动二手车面临体系完善问题

注：资料来源于案头研究、专家访谈及罗兰贝格、前瞻研究院。

车况不透明、产品残值低是制约电动二手车交易的最主要问题。由于传统二手车检测方法不适用于电动二手车，交易环节缺少三电系统和智能网联系统检测方法，车况不透明，极大地影响了用户交易的信心。

依赖传统的评估方法已经很难适应当前由于智能和电动部件增加后的电动二手车价值评估。电动汽车所搭载的智能网联化产品技术迭代快,也使电动二手车的评估模型更加复杂。当前电动二手车仍缺少公允的第三方价值评估体系,交易环节缺少电动二手车估值引导,导致车辆交易价格(市场价格)远低于真实价值(图4-4)。

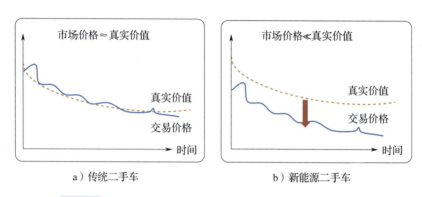

图4-4 传统二手车与新能源二手车市场价格、真实价值差距

四、保险设计及运营难

1. 专属险种设计难

我国已将新能源汽车动力蓄电池、充电桩等纳入保险范畴,但由于电动汽车技术还在不断迭代升级,保险公司要结合电动汽车的实际场景、实际用途,从数据、定价、承保、理赔到客户服务等要形成一套综合性解决方案,这对保险行业提出了新的要求。

2. 保险产品设计更加复杂

首先是动力蓄电池自身特性以及由其衍生出的新商业模式带来的保险产品复杂性:首先动力蓄电池虽纳入承保范围,但仅限于在被保险新能源汽车使用过程中,并且动力蓄电池衰减不在承保范围之内;动力蓄电池租赁模式下,动力蓄电池由第三方供应商提供时,保险产品如何设计成为问题。其次,无人驾驶模式下责任界定导致的保险设计更难。

3. 车险定损、理赔水平偏低

参照传统燃油汽车的定损不能真实体现新能源汽车的实际情况，同时，定损人员对新能源汽车技术不了解产生定损争议，尤其是涉及三电领域的部件，在维修方面往往存在定损争议。一是对于维修价格的争议，定损员在定损时会参考市场维修价格，确定合理的维修金额。但对维修企业而言，维修技术、零部件、进货渠道等原因，造成维修金额高于定损员核定的损失金额。二是损失部件应该更换还是维修的争议，定损员往往无法确定。

4. 保费较高

新能源汽车理赔方面，由于保险公司在新能源汽车鉴定维修等方面的技术限制，大多数保险公司仍会按照车辆补贴前的价格来计算保费，但在理赔时却按照补贴后的价格进行，导致电动汽车的保费普遍高于燃油汽车，影响保险公司的盈利水平。

5. 新能源汽车出险率高、赔付率高

新能源汽车与燃油汽车的驾驶方式存在区别导致部分车主的驾驶成熟度不高；另外，部分新能源汽车企业处于发展初期阶段，产品性能不稳定，因此，新能源汽车的赔付率及出险率均高于传统燃油汽车。由于出险率较高等原因，新能源汽车整体保费较传统燃油汽车高，新能源汽车出险率高、赔付率高会对车险市场规模及收益水平产生较大影响。

第二节　发挥新主体在后市场中的作用

一、区块链技术促进数据互联互通

区块链采用去中心化分布式记账方式，系统中各个节点同时参与数据变动记录，每个节点都保留一份相同且完整的账本，单个节点被摧毁不会影响整个账本及记录的完整性，极大地提高了数据的安全性。目前，汽车行业已就区块链开展了探索（表4-4）。

表4-4 汽车行业部分国内外企业区块链研究进展

企业名称	汽车行业区块链布局
丰田	供应链管理,自动驾驶、企业、房主以及电动汽车之间的能源交易
宝马	行驶里程跟踪
现代	电动汽车功能定制,供应链融资
奔驰	供应链管理,推出数字货币鼓励低速平稳驾驶习惯
保时捷	车辆解锁、充电、停车
福特	钴等矿物溯源管理,"绿色里程"跟踪,采用加密货币缓解交通拥堵
捷豹路虎	保险,发放代币激励车主共享数据
大众	矿产供应链跟踪,里程跟踪
通用	管控自动驾驶车载数据,提供防欺诈服务与身份认证服务
本田	智能电网系统,实现电量共享
奥迪	物资及财务分配,提升供应链的安全性及透明性
采埃孚	车内支付系统
福田	汽车供应链金融
首汽	保护信息安全
比亚迪	碳积分应用系统,利用智能合约将汽车的行驶数据和排放数据等转换成积分,车主可用积分兑换奖励
吉利	钴资源跟踪
长城	车辆大数据应用,解决数据确权问题
上汽	车辆中控系统,解决通信链路安全、身份识别认证、用户身份和数据防伪,汽车后市场服务

(一)区块链联盟推动行业数据上链进程

汽车行业区块链联盟(Mobility Open Blockchain Initiative,MOBI)是牵头打通汽车产业链上下游数据的良好实践,对于国内区块链建设具有可借鉴价值。

MOBI 是非营利性的汽车行业区块链联盟，于 2018 年 5 月由汽车主机厂宝马、福特、通用和雷诺，汽车零部件制造商博世和采埃孚，以及一些大型公司（埃森哲、IBM）和区块链行业组织（Consensys、Hyperledger）建立。联盟会员包括大型汽车制造商以及其他汽车行业相关公司，如保险公司、运输机构等。

MOBI 主要业务之一是建立基于汽车行业区块链标准，如车辆认证（VID）、电动汽车网络集成（EVGI）、互联移动数据市场（CMDM）、金融及证券化和智能合约（FSSC）、供应链（SC）技术规范及参考实施架构等。MOBI 填补了汽车行业区块链标准、协议的空白，有利于汽车区块链规范、健康发展。

另外，MOBI 建立了自身的技术堆栈 mobiNET。基于 MOBI 区块链的标准，其会员在 mobiNET 内共享数据、资产和应用程序。由于汽车后市场牵涉范围较广，协调各利益方上链数据难度较高，MOBI 在行业内起到了牵头示范作用，作为公允的第三方，推动了区块链数据上链进程。

（二）区块链在后市场具有应用潜力

电动汽车后市场服务将高度依赖全生命周期数据，这为区块链技术的应用提供了可能，维修、二手车交易、金融及保险、充/换电及报废等都具有应用的可能。

1. 维修方面

在汽车维修方面，区块链技术可以帮助解决零部件溯源、防伪等问题。建立汽车身份的"智能芯片"，完整记录该汽车的零部件来源（厂商、批次）、生产组装流程、销售渠道、维修记录等关键信息储存在区块链系统中。电动汽车所有维修信息、更换的零部件信息透明、可追溯，将极大改善汽车售后与维修行业信任程度偏低的情况。

2. 二手车交易方面

在二手车方面，二手车企业可以与区块链技术公司合作，将汽车行驶数据、事故记录建立共享账本，保证旗下二手车数据的准确性与真实性。另外，打通汽车产业链上下游的各个节点，准确记录车辆出险、维修、召回等信息，解决二手车交易过程中不公开、不透明、缺乏诚信度的问题。

3. 金融及保险方面

在汽车金融及保险方面，区块链可以帮助实现消费者数据风险控制、车险精准定价。金融行业对风险要求较为严格，但由于传统汽车行业数据采集成本高、真实性难保障，使汽车金融发展受到一定制约。采用区块链技术有利于降低金融机构数据采集难度，并提高数据可信度。

4. 充电方面

在充电方面，区块链可以在消费者侧提升充电服务便利性、帮助运营商拓展收入来源。中心化的充电服务机构存在着信息泄露等风险，充电不便利会增加充电成本。将区块链技术应用于充电设施，可以实现匿名化充电和自动付费，保护个人隐私和防止被追踪，同时有利于闲置桩共享，并促进电动汽车和电网之间的能源交易。

5. 换电方面

在换电方面，由于动力蓄电池频繁更换，保障换电动力蓄电池的安全性十分重要。采用区块链技术对其全生命周期进行监控，可以保障换电模式安全运营；同时，可为换电动力蓄电池资产金融创新提供支撑，盘活企业资金流。

6. 报废方面

在动力蓄电池回收领域，随着新能源汽车保有量增大，动力蓄电池回收问题开始凸显。未回收的报废动力蓄电池可能引发安全和环境污染等问题。使用区块链技术对动力蓄电池全生命周期进行监管，可以有效防止信息篡改，并实现公开透明、流向可查、全程追溯，极大地提高动力蓄电池的回收效率。

二、线上服务与数字化助力维修服务

（一）OTA 降低电动汽车维修复杂性

OTA 是 Over-the-Air 的缩写，即空中下载（技术）。OTA 远程诊断是解决电动汽车维修体验差、滞后性及复杂性的重要方案之一。相较传统诊断方法，OTA 远程诊断的执行方式、通信方式更加灵活，诊断更及时，诊断内容更加丰富，诊断目标更具前瞻性（表 4–5）。

表 4-5 传统诊断与 OTA 远程诊断对比

对比项	传统诊断	OTA 远程诊断
执行方式	定点	任何地点均可远程执行
通信方式	有线	无线
诊断时机	车辆发生问题返厂后才能处理，需数天不等	实时执行，一有问题立刻通知
诊断内容	故障诊断码（DTC）	DTC、行车状态、系统负载、异常事件数据
诊断目标	已发生事件的落后指标	潜在问题的趋势指标

1. 实时诊断并及时排除故障

通过实时监测与分析数据对汽车进行及时分析和检查，若发现实际或潜在故障，将采取适当行动。比如，车辆发动机控制单元报告液压减振器存在问题，可通过分析诊断和定位数据，确定车辆当前行进路线上的地形是否会"放大"减振器的问题带来的影响。然后通过 OTA 软件更新，以减少减振器的压力，确保车辆达到维修点之前尽可能不出现状况。

2. 预判潜在风险

利用软件更新或者优化响应潜在风险，降低召回或者事故概率。从大量车辆收集的周期性数据还可以监控大量样品的老化过程，用于指导预防性维护，有利于后续产品的优化。

OTA 远程诊断也将提升维修门店效率与服务质量。在故障车辆运到修理厂的过程中，维修技师可以提前通过远程诊断进行事前分析，准备好需要的配件，大大缩短了车主在修理厂等待的时间。对于维修门店来说，更强的软件能力创造了远程替换模块或提供"虚拟指导"服务的潜力，这两种方式都降低了客户到门店服务的时间和成本。这些基于软件的功能和服务，在一定程度上可以促进品牌差异化，提升软件在后市场的价值。

我国已经有企业在 OTA 远程诊断方面做出了一些尝试，将汽车远程诊断、全球定位系统（GPS）功能、呼叫中心、客户关系管理（Customer Relationship Management，CRM）系统等整合在一起，来实现远程故障诊断、基于位置的服务（Location Based Service，LBS）、防盗等诸多服务，期望通过一站式汽车云服务来打动消费者，实现汽车销售和售后领域的软件即服务（Software-as-a-Service，SaaS）化和 O2O（Online to Offline，即线上到线下）。

（二）整车企业保养 O2O 重焕生机

O2O 上门保养模式可帮助提升服务、提高客户满意度。新能源汽车由于其产品的特殊性，维修相比传统燃油汽车要简化许多，O2O 的上门养护模式被重新唤醒。2020 年 11 月，特斯拉移动服务功能正式在中国上线，2021 年 10 月，官方宣布将扩大"移动维修"团队，以多方面提高客户的服务需求。根据相关数据，尽管 2020 年受疫情影响，特斯拉的实体服务中心业务规模还是增长了 35%，而移动服务车队的业务规模增长高达 40%。特斯拉官方曾表示："根据历史订单记录，有 80% 的维修工作，可以在不前往服务中心的情况下解决。"据介绍，特斯拉的移动服务可以进行简单的修理和保养，如更换零部件、更换 12V 蓄电池或轮胎等，减少车主前往特斯拉服务中心的路程，同时减轻服务中心拥堵情况，节省其他一些大型维修项目的交车时间。而服务中心则更倾向于完成更复杂的工作，例如三电维修、系统升级、远程诊断、充电和新车交付等一系列服务。

（三）汽车保养加速向数字化转型

互联网服务与汽车养护服务相结合，形成了一套从在线选购到仓储配送，再到线下服务的全新商业模式（图4-5）。互联网养车企业通过原有的独立或连锁企业开展了加盟模式。

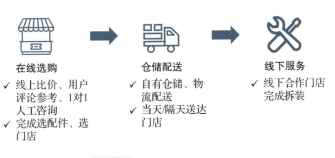

图4-5 互联网养车商业模式

互联网+汽车保养解决的痛点之一是利用互联网加速信息传递，提高信息对等程度，实现"去中介化"。

解决的痛点之二是通过服务标准化、品牌化、连锁化、智能化管理系统，提高门店保养服务增值含量，加快服务速度，提升用户体验，主要体现在：

1）门店开业标准化，通过多年数字化运营与积累，形成了可以迅速复制的开业数字模型，因此，互联网养车门店可以实现快速扩张；

2）门店管理运营标准化，利用数字化管理模式提升用户体验，帮助加盟商建立完备服务体系，有针对性地给出切实可行的方案。比如，在技术方面，以前技师遇到问题通常查询维修手册，现在只要在业内平台上输入车型车架号就能得到技术指导，甚至还有视频教学；在服务方面，通过大数据了解用户画像，精准的客户定位可以帮助门店精准服务；在支付方面，门店通过数字化改变支付关系；此外，平台还能辅导门店管理者使用ERP（Enterprise Resource Planning，即企业资源计划）等系统提升运营效率。

互联网+汽车保养解决的痛点之三是通过供应链、仓储配送一体化，实现规模化采购，降低零配件价格。比如，天猫养车主要依托的供应链是国内汽车后市场一体化的龙头企业康众汽配，与 BP、壳牌、美孚、采埃孚、固特异等众多国内外知名品牌合作，在全国拥有过千家前置仓网点，任何零配件都可以及时配送到门店；京东京车会除了依托京东的电商和物流实力，还打造了汽车品类自有品牌京安途，产品线主要包括润滑油、蓄电池、轮胎、易损件等；途虎早期以轮胎为主打产品，在消费者心中形成品牌认知，后与国内外众多知名品牌达成厂家直供合作。这些互联网养车企业的前置仓解决了传统保养门店的库存问题，全品类、高质量的供货提升了保养门店的配送效率，提升了消费者信心。另外，数字化的供应链也提升了管理效率。

三、第三方解决方案推动二手车流通

（一）第三方服务提供商助力车况透明

电动二手车市场与传统二手车市场相同，存在车况历史不清晰、车辆估价高度依赖人工的特点。信息不对称导致的价格不透明导致消费者购买信心受损。因此，类似于美国 CarFax 与 KBB，国内诞生了一批第三方车况历史报告及车辆估值服务提供商。通过与线上二手车交易平台、主机厂以及线下经销商合作，这些第三方平台积累了海量的二手车数据，包括车辆型号、碰撞记录、违章记录、维修信息等，打造了二手车车况历史信息平台，并基于大数据提供不同车辆估价套餐（图 4-6）。

图 4-6 新能源二手车检测核心数据和技术

这些第三方车况信息及车辆定价服务商根据其能力与背景大致分为两类：汽车行业背景及软件行业背景。二者虽然均能基于数据积累提供二手车车况报告以及车辆估值服务，但前者通常重资产运营，着重开发电动二手车评估检测设备、组建电动二手车评估团队，能实现电动二手车"一车一价"，注重二手车定价的精准性；后者通常轻资产运营，注重数据积累，基于海量数据为C端（客户端）及B端（企业端）客户提供差异化服务。基于软件行业背景，一方面能积累大量消费者信息，补充底层汽车数据库、调整估价模型以提升模型精准性；另一方面在纵向拓展业务如二手车交易、汽车维修、汽车金融时成本较低、难度较低，基于数据的服务也能产生较大溢价。

随着汽车智能化发展，汽车数据将爆发性增长。第三方公允的车况历史报告以及大数据定价机制有利于二手车行业信息透明化、增强消费者信心，使二手车行业健康、规范发展。

（二）创新商业模式提升保值率

针对电动二手车车况不透明、售后体系缺失导致电动汽车保值率低等问题，二手车企业纷纷开展了保值回购业务（表4-6）。除此之外，部分整车企

表4-6 部分整车企业的保值回购业务

企业	业务
特斯拉	Model S 车型推出了3年5折回购政策（6万km内），即购车第三年首月可选择按基础车型价格的50%进行回购
小鹏	3年6折保值置换政策，3年之内增换购小鹏任一款车型，可在享受拟购买新车当期所有促销政策权益的基础上，额外享受10000元专属补贴权益
威马	针对老车主开展"威马Care+"保值换购计划，对老车主持有的车辆在3年内按照原购车型补贴后售价61.8%的比例进行保值回购，回购金额可用于购买新的威马车
吉利	"两年7折超值回购"活动
长城	欧拉曾在全国推行"7天无忧回购"和"保值换购"两项服务

业也针对电动二手车开启了官方认证，提供涵盖了检测评估、认证质保、金融服务等环节的全套流程（图4–7）。这些举措都有利于提高电动二手车的保值率，增加消费者信心。

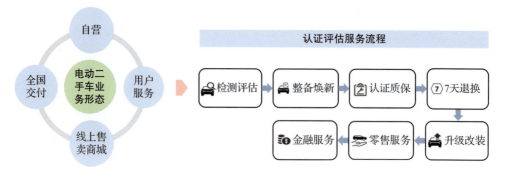

图4–7　整车企业官方认证电动二手车业务形态和认证流程

四、UBI 助力保险升级

新能源汽车车险费率化发展以及车联网的发展促使 UBI 逐渐成为关注焦点。UBI（Usage-Based Insurance）是基于使用量而定保费的保险，UBI 车险可理解为一种基于驾驶行为的保险，通过车联网、智能手机和车载诊断（On-Board Diagnostics，OBD）系统等联网设备将驾驶者的驾驶习惯、驾驶技术、车辆信息和周围环境等数据综合起来，建立人、车、路（环境）多维度模型进行定价。

UBI 保险并非新概念，美国前进保险（Progressive）公司于1997年就正式推出了 UBI 产品。2017年全球约有1400万件有效的 UBI 车险保单，增速高达26%，而中国 UBI 车险仍在发展初期。由于车联网的发展，UBI 将成为未来解决电动汽车保险痛点的有效手段。

UBI 能够给保险公司带来包括精准厘定费率、创新产品、提升理赔效率、降低赔付率、提升客户服务等益处。

1）精准厘定费率、创新产品：车联网设备采集速度、里程、加速、减速、转弯等驾驶行为数据，结合地图和天气数据建立模型厘定风险成本，开发基于驾驶行为的 UBI 车险产品；通过车辆关键系统的运行状况和故障信息，可以进行质量、延保类的产品创新，例如新能源汽车动力蓄电池效能、车辆关键零部件质量、车辆延长保修等相关产品。

2）提升理赔效率：车联网传感器数据能准确获取事故发生时间、地点、强度，进行车辆事故场景还原，辅助判断事故原因，确定事故责任，优化理赔流程，极大提升车险理赔服务的效率。

3）降低赔付率：通过车联网传感器采集数据可以及时识别风险点，改善驾驶人不良驾驶习惯、消除电动汽车系统隐患，有效防范事故发生；在极端恶劣天气发生时也能利用车联网及时获知受灾车辆情况，及时防范施救。

4）提升客户服务：通过车联网数据可以更精准地获取客户画像，开展有针对性的营销策略、精准获客，也能满足客户的个性化需求，提升已有客户黏性。

现阶段，中国 UBI 产品市场处于探索期，预计未来以 T-BOX + UBI 以及 ADAS + UBI 模式为主导的产品将逐步落地。随着车联网新车渗透率的提升，UBI 渗透率也将逐步提高，UBI 面临着千亿元级市场空间。

第五章
打造动力蓄电池回收再利用体系

第一节　动力蓄电池回收体系仍存在短板

一、动力蓄电池回收难

随着我国新能源汽车产业快速发展，动力蓄电池回收正在成为资本和市场关注的焦点。近年来，万余企业涌入动力蓄电池回收赛道，市场野蛮生长。2021 年我国动力蓄电池回收行业新增企业注册量 1.07 万家，同比增长 661.5%[1]。参与主体主要有四类，分别是整车企业、动力蓄电池企业、材料企业以及第三方回收企业。入局者虽多，但目前进入工业和信息化部白名单的企业数量较少。工业和信息化部分别于 2018 年 9 月、2021 年 1 月、2021 年 12 月和 2022 年 11 月发布了四批符合《新能源汽车废旧动力蓄电池综合利用行业规范条件》企业名单，合计 88 家，这些企业被业内称为"正规军"。按白名单企业所属地区来看，广东最多，有 12 家，其次是湖南和江西，分别各有 11 家（图 5–1）。

动力蓄电池回收难，多数流入小作坊企业。我国动力蓄电池回收行业真正起步于近两年，当前回收体系尚不健全，定价机制仍未清晰，导致回收渠道问题依旧突出，大多数退役动力蓄电池还在盲区。一方面，国家目前尚未对动力蓄电池回收建立资质管理，白名单制度仅为推荐而非强制，部分大企业考虑到社会影响力或社会责任，会将退役动力蓄电池交给白名单企业，但更多的还是流入非正规渠道。据统计，市面上有 7 成左右的退役动力蓄电池流入小作坊。由于正规企业合规成本高，在安全风险管控、环保测评、物流运输等方面投入

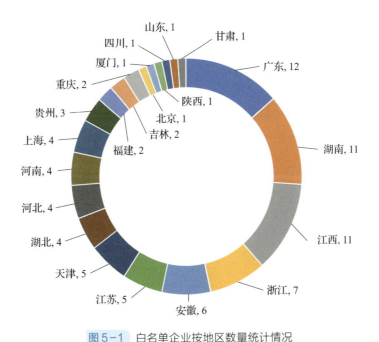

图 5-1　白名单企业按地区数量统计情况

较大,其回收经济性不占优势,而很多小企业则是不规范处理,严重欠缺安全环保意识。另一方面,虽然建立了新能源汽车国家监测与动力蓄电池回收利用溯源综合管理平台,但主体责任压实不到位,部分中间环节缺乏管控,不规范企业不一定会实施溯源,进而造成信息链断裂。此外,动力蓄电池回收各环节涉及主体多,信息流通不畅,掌握动力蓄电池所有权的企业与回收利用企业信息不对称等现象也比较突出。

二、行业共性技术仍需突破

梯次利用和再生利用部分关键技术亟待攻关。虽然我国在动力蓄电池回收领域已有深厚的技术积累,但仍存在许多难点需要突破。首先是梯次利用方面,其关键技术包括健康状态和残值评估、快速分选、智能拆解、分级利用、异构兼容、有效均衡、应用场景分析以及再退役评估等(图 5-2),目前尚存一定技术限制,如动力蓄电池规格种类多样,自动化柔性拆解难度高;退役动

从购买走向使用：多维度构建新能源汽车服务体系

力蓄电池健康状态、循环寿命等重要指标评估困难，准确性不足。许多企业出于安全担忧和品牌形象考虑，不敢规模应用梯次动力蓄电池产品，特别是现在储能场景受到很大影响。其次是再生利用方面，我国目前更多聚焦在价值量高的三元和磷酸铁锂正极材料再生，而负极材料和电解液等的高效回收涉及较少，只有少数一体化垂直产业布局的企业正在开展这方面的工作，为了充分挖掘退役动力蓄电池的全组分价值，其他核心材料的回收技术及其产业化还需要深入研究。

健康状态和残值评估	✓ 评估包括动力蓄电池容量、电压均衡性、自放电率、循环使用寿命等健康指标，提高评估的准确性
快速分选、智能拆解分级利用、异构兼容	✓ 根据健康状态和残值评估结果，对退役的动力蓄电池包性能进行快速分选 ✓ 一致性好的直接整包应用，一致性较差的拆至模块级别，而后再分选，合格的考虑重新修复、重组等操作，实现异构兼容利用；不合格的直接回收处理
有效均衡	✓ 对分选后的动力蓄电池进行一致性均衡，改善动力蓄电池组内电芯差异性，保证动力蓄电池组性能良好，降低使用安全风险
应用场景分析	✓ 针对不同应用场景，建立用户对动力蓄电池的性能要求和价格的敏感程度、成本模型在内的数据分析库，细分应用场景市场，实现残值匹配利用
再退役评估	✓ 梯次动力蓄电池投入使用后，除BMS日常监测外，还需要开展定期的容量测试和性能验证 ✓ 综合该批次梯次动力蓄电池分选时的健康状态确定退役标准，低于应用场景使用要求的，则进入动力蓄电池回收系统流程

图 5-2　动力蓄电池梯次利用部分关键技术

注：葛志浩，颜辉. 国内动力蓄电池梯次回收利用发展简述 [J]. 中国资源综合利用，2020，38 (5)：91-96.

三、法律法规体系尚不完善

与国外较为成熟的电池回收法律体系相比，我国缺乏针对性的法律。欧洲、美国、日本等地区和国家的电池回收法律体系完善，利用法律强制力对各个环节和主体进行要求，充分实施生产者责任延伸制度（表 5-1）。如欧盟国家采用生产者承担回收费用的强制回收制度，并对电池使用者提出法定义务，以德国为例，电池生产和进口商必须在政府登记，经销商要组织收回机制，同时用户有义务将废旧电池交给指定的回收机构。美国主要通过环境保护相关法案对电池回收进行管理，再以市场监管的方式，从联邦、州、地方政府层层立法，形成一条较为完善的电池回收管理法律制度。日本布局并完善"电池生产—销售—回收—再生处理"体系，通过积极立法和补助支持相关企业，形成了一套以环境基本法为基础、循环型社会形成推进法为核心、各类综合性或专项性回收利用法为具体实施的电池回收利用法律体系[2]。而我国当前在电池回收领域缺乏针对性的法律，涉及的多为环境保护类的综合性法律，内容宽泛且基础，难以有效支撑新能源汽车动力蓄电池回收产业的健康发展，亟须加强该领域立法建设。

表5-1 国外在电池回收方面的相关法律政策（不完全统计）

国家或地区	相关法律政策
欧洲	2000年欧盟通过2000/53/EC《关于废弃汽车的技术指令》，目标在于建立收集、处理、再利用的机制，鼓励将废弃汽车的部件重复利用，减少汽车产品对环境的破坏，并致力于环境保护、资源保护以及能源节约。欧盟2006/66/EC电池指令与电池回收直接相关，该指令涉及所有种类的电池，并要求汽车电池生产商应建立汽车废旧电池回收体系。欧盟《新电池法》提出，到2030年，钴、锂、镍再生原材料含量占比分别达到12%、4%、4%；到2035年则提升至20%、10%、12% 欧盟从2008年开始强制回收废旧电池，回收费用由生产厂家来负担；同时，对电池产业链上的生产商、进口商、销售商、消费者等都提出了明确的法定义务，通过"押金制度"促使消费者主动上交废旧电池
美国	针对废旧电池立法涉及联邦、州及地方三个层面。联邦政府层面，1996年颁布的《含汞电池和充电电池管理法》鼓励电池回收，对各类电池标签提出要求，须使用统一制定的标识，在生产、运输、贮存等环节也做出规定；州政府层面，编制和实施州的电池等废物管理计划，要求电池协会对消费者、生产者、批发商等不同对象的相关责任义务进行严格监管；地方政府层面，采取具体政策激励措施，鼓励回收方和消费者对新能源汽车等电池的回收再利用 美国国际电池协会制定了押金制度，促使消费者主动上交废旧电池产品。同时美国政府推动建立电池回收利用网络，采取附加环境费的方式，通过消费者购买电池时收取一定额的手续费和电池生产企业出资一部分回收费，作为产品报废回收的资金支持，同时废旧电池回收企业以协议价将再生原材料卖给电池生产企业

(续)

国家或地区	相关法律政策
日本	自1993年起日本颁布了多部相关法律，施行"3R"计划（Recycling-Reuse-Reduce）。2000年日本出台政策要求生产镍氢和锂电池的日本生产企业对售出的电池进行回收并二次处理，政府予以生产企业相应补助。2000年颁布《循环型社会形成推进法》。2005年和2013年分别颁布的《汽车循环利用法》和《小型家电回收利用法》中，政府、生产商、零售商、消费者、加工企业和移动电话运营商都有责任开展废旧锂电池的回收活动 从1994年起，日本电池生产厂商开始采用电池收回计划，建立起"电池生产—销售—回收—再生处理"体系。基于良好的国民回收意识及参与者的自愿努力，日本形成了由电池生产商、电池零售商、汽车销售商、消费者所共同构成的电池回收网络，借由这一回收网络，电池生产商可免费从消费者手中回收废旧电池，交由专业的电池回收公司处理

注：雷舒雅，黄佳琪. 国内外新能源汽车电池回收产业法律政策研究［J］. 时代汽车，2022（2）：86-88.

四、标准体系的细分环节亟须补齐

行业标准体系建设仍需加快。目前，我国退役动力蓄电池回收利用行业标准体系尚不健全，仅发布10余项国家标准和10余项行业标准，企业标准数量虽多，但其权威性和通用性一般。因此，需要积极推进面向各环节细分领域的产业标准体系建设。此外，当前行业内动力蓄电池缺乏统一标准，各家企业动力蓄电池规格、接口繁杂不一，并且基于车型差异化和竞争力考虑，在动力蓄电池设计和选型阶段没有考虑后续梯次利用和可回收性。现在推行的CTP（Cell to Pack）和CTC（Cell to Chassis）等动力蓄电池技术，由于节省结构件而在动力蓄电池包内部大量灌胶，致使自动化拆解和异构重组难度较高，不利于开展回收利用尤其是梯次利用工作。因此，统筹思维，推进动力蓄电池全生命周期标准体系协同建设十分重要。

第二节　加快建设动力蓄电池回收再利用体系的策略

一、完善动力蓄电池回收领域政策与标准体系

1. 加快推进动力蓄电池回收利用立法，制定相应的激励政策

我国动力蓄电池回收利用政策的发展历程可分为三个阶段（表5-2）：2012—2015年，相关政策主要出现在推广新能源汽车的规划类政策文件的部分条款中；2016—2017年，部分动力蓄电池回收利用专题政策开始出台，以指导类政策为主；2018—2022年，动力蓄电池回收利用专题政策进一步完善，进入试点实施阶段，以执行类政策为主，行业逐步规范化。在下一步发展中，我国应加快动力蓄电池回收利用政策体系建立健全步伐。第一，加快制定具有强制执行力的动力蓄电池回收专项法规，完善生产者责任延伸制度内容，细化生产企业、回收企业和消费者等相关主体的责任和义务，设立适当的惩罚条款。第二，加强动力蓄电池回收监管，加大对非正规企业非法回收、倒卖、运输、拆解等行为的打击力度，建立起规范市场的长效机制。第三，制定相关激励政策，采取财政补贴、税收优惠等方式支持回收产业链企业，减轻企业经营压力，充分发挥科技创新基金的引领撬动作用，引导企业加强关键核心技术和工艺攻关，加快科技成果转化应用。第四，做优做强一批龙头企业，推动创新要素汇聚，发挥其产业示范带动作用。

表5-2　我国动力蓄电池回收行业相关政策（不完全统计）

时间	文件名称	发布单位	相关内容
2012年7月	《节能与新能源汽车产业发展规划（2012—2020年）》	国务院	制定动力蓄电池回收利用管理办法，建立动力蓄电池梯次利用和回收管理体系，明确各相关方的责任、权利和义务。引导动力蓄电池生产企业加强对废旧动力蓄电池的回收利用，鼓励发展专业化的动力蓄电池回收利用企业等

(续)

时间	文件名称	发布单位	相关内容
2014年7月	《关于加快新能源汽车推广应用的指导意见》	国务院	研究制定动力蓄电池回收利用政策，探索利用基金、押金、强制回收等方式促进废旧动力蓄电池回收，建立健全废旧动力蓄电池循环利用体系
2016年2月	《新能源汽车废旧动力蓄电池综合利用行业规范条件》	工业和信息化部	在企业布局与项目建设条件、规模装备和工艺、资源综合利用及能耗、环境保护要求、产品质量和职业教育、安全生产职业健康和社会责任等方面做出规定
2017年1月	《生产者责任延伸制度推行方案》	国务院	制定汽车产品生产者责任延伸政策指引；鼓励生产企业利用售后服务网络与符合条件的拆解企业、再制造企业合作建立逆向回收利用体系；建立电动汽车动力蓄电池回收利用体系等
2018年2月	《新能源汽车动力蓄电池回收利用管理暂行办法》	工业和信息化部、科学技术部、环境保护部等	提出落实生产者责任延伸制度，汽车生产企业承担动力蓄电池回收的主体责任，相关企业在动力蓄电池回收利用各环节履行相应责任；在保证安全可控前提下，按照先梯次利用后再生利用原则，对废旧动力蓄电池开展多层次、多用途的合理利用等
2018年7月	《关于做好新能源汽车动力蓄电池回收利用试点工作的通知》	工业和信息化部、科学技术部、商务部等	统筹推进回收利用体系建设。推动汽车生产企业落实生产者责任延伸制度，建立回收服务网点，与动力蓄电池生产、报废汽车回收拆解及综合利用企业合作构建区域化回收利用体系，采取回购、以旧换新等措施促进动力蓄电池回收等
2019年11月	《新能源汽车动力蓄电池回收服务网点建设和运营指南》	工业和信息化部	提出新能源汽车废旧动力蓄电池以及报废的梯次利用动力蓄电池回收服务网点建设、作业以及安全环保要求

（续）

时间	文件名称	发布单位	相关内容
2020年1月	《新能源汽车废旧动力蓄电池综合利用行业规范条件（2019年本）》	工业和信息化部	在企业布局与项目选址、技术装备和工艺、资源综合利用及能耗、环境保护要求、产品质量和职业教育、安全生产人身健康和社会责任等方面做出规定
2020年11月	《新能源汽车产业发展规划（2021—2035年）》	国务院	完善动力蓄电池回收、梯次利用和再生资源化的循环利用体系，鼓励共建共用回收渠道
2021年7月	《"十四五"循环经济发展规划》	国家发展和改革委员会	废旧动力蓄电池循环利用行动。推动新能源汽车生产企业和废旧动力蓄电池梯次利用企业通过自建、共建、授权等方式，建设规范化回收服务网点。推进动力蓄电池规范化梯次利用，提高余能检测、残值评估、重组利用、安全管理等技术水平。加强废旧动力蓄电池再生利用与梯次利用成套化先进技术装备推广应用等
2021年8月	《新能源汽车动力蓄电池梯次利用管理办法》	工业和信息化部、科学技术部、生态环境部等	对梯次利用企业、梯次利用产品、回收利用等方面提出相关要求，并明确梯次行业中产品、溯源、技术等方面的监督管理主体和职责
2021年12月	《资源综合利用产品和劳务增值税优惠目录（2022年版）》	财政部、税务总局	给予满足金属回收率等相关规定的电池回收利用企业50%的退税比例
2022年2月	《关于加快推动工业资源综合利用的实施方案》	工业和信息化部、国家发展和改革委员会、科学技术部等	完善废旧动力蓄电池回收利用体系。推动产业链上下游合作共建回收渠道，构建跨区域回收利用体系。推进废旧动力蓄电池在备电、充换电等领域安全梯次应用。在京津冀、长三角、粤港澳大湾区等重点区域建设一批梯次和再生利用示范工程等

2. 加快完善动力蓄电池回收利用标准体系

动力蓄电池回收利用行业标准体系主要围绕管理规范、设计生产、报废回收、梯次利用、再生利用等环节开展标准制订或修订（图5-3）。按照急用先行原则，应加快完善部分关键细分领域的标准体系，如管理规范环节，区域回收中心运营要求、再生利用产品碳足迹等标准；梯次利用环节，剩余容量评估、快速检测分选、梯次利用产品（储能/叉车等）等标准；再生利用环节，无害化破碎分选、动力蓄电池拆解物热解处理等标准。此外，应强化动力蓄电池全生命周期管理，推动建立覆盖动力蓄电池设计、生产、使用、回收再利用等全过程的统一标准化体系，在动力蓄电池设计早期就将后续的回收再利用考虑进去。

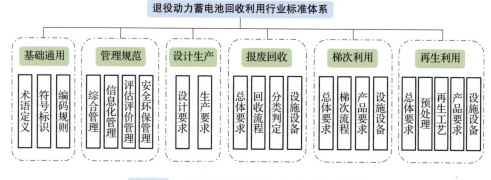

图5-3 退役动力蓄电池回收利用行业标准体系

注：王震坡. 国家溯源管理平台助力电池回收利用［Z］. 第四届世界新能源汽车大会，2022.

二、继续推动动力蓄电池回收服务网点建设

加快动力蓄电池回收服务网点建设布局。当前我国动力蓄电池回收网点类型更丰富，且呈现区域聚集趋势。根据工业和信息化部的新能源汽车动力蓄电池回收服务网点信息统计，截至2022年10月底，全国动力蓄电池回收网点共计11820个，与2020年相比增长50%左右。其中汽车经销点和维修点仍是主要回收网点（图5-4），但相比于2020年的统计数据，汽车经销点占比下降了近7个百分点，而维修点占比增长近4个百分点，公交/客运/运输/物流企

业、动力蓄电池综合利用企业、拆解企业的占比也分别增长了近1个百分点，回收网络类型更加丰富。电动汽车积极推广地区和动力蓄电池产业链聚集区，也是动力蓄电池回收网点主要分布区域，如广东、山东、江苏、浙江、河南，这5个省的回收网点数合计占全国的40%左右（图5-5）。在下一步发展中，

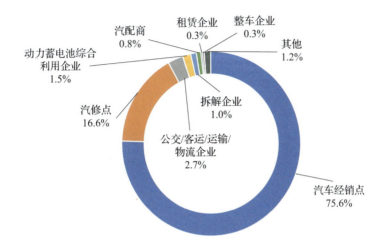

图5-4 我国动力蓄电池回收网点按类型统计

注：工业和信息化部. 新能源汽车动力蓄电池回收服务网点信息［DB/OL］.［2022-10-31］. https://www.miit.gov.cn/datainfo/zysjk/xnyqcdlxdchsfwwdxx/index.html.

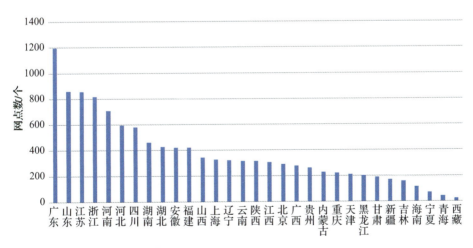

图5-5 我国动力蓄电池回收网点按区域统计

注：工业和信息化部. 新能源汽车动力蓄电池回收服务网点信息［DB/OL］.［2022-10-31］. https://www.miit.gov.cn/datainfo/zysjk/xnyqcdlxdchsfwwdxx/index.html.

我国应继续引导和规范动力蓄电池回收服务网点建设，提升网点建设运营水平，丰富回收网络类型，推进产业要素和资源向重点区域布局，进而推动动力蓄电池规范化回收渠道建设进一步提速。

三、积极推动梯次利用模式发展

1. 磷酸铁锂蓄电池寿命长，安全性高，更多用于梯次利用

磷酸铁锂蓄电池的循环次数较多，循环寿命更长，安全性高，不易发生热失控，但其贵金属含量不多。三元锂电池的贵金属含量较多，但其循环寿命较短，热稳定性差，容量衰减后安全性会大大降低[3]。因此，基于安全性和经济性考虑，磷酸铁锂蓄电池较为适合用于梯次利用。当动力蓄电池容量降至20%～80%时属于轻度报废，进入梯次利用阶段（图5-6），将其应用到对动力蓄电池能量密度、功率密度等特性要求较低的其他领域；当动力蓄电池容量降至20%以下时属于重度报废，进入再生利用阶段。三元锂电池通常可直接回收，提取金属，再生经济性更强。

2. 整包、重组梯次应用各有优势

梯次利用主要有两种方案，方案一是在退役动力蓄电池基础上直接改造，即整包利用。该方案方式简单，成本较低，避免了大量的拆解重组工作；但由于动力蓄电池包本身的结构形状限制，对占地的要求较高，对动力蓄电池来源也有限制[4]。当前行业内整包应用场景不多，主要包括一些对循环次数要求不高的备电场景以及远离市区的光伏、风能、水电储能场景等，而市区中出于安全考量，更倾向采用新动力蓄电池包。方案二是将退役动力蓄电池进行集中拆解，筛选模块或单体，重新组装成标准模块。该方案有利于退役动力蓄电池的集中筛选与维护，确保电芯质量；同时，退役动力蓄电池的来源不局限于特定的项目，确保供应量；最终的电池模块能够实现标准化，确保兼容性。目前，模块级别和电芯级别的重组利用最为常见。

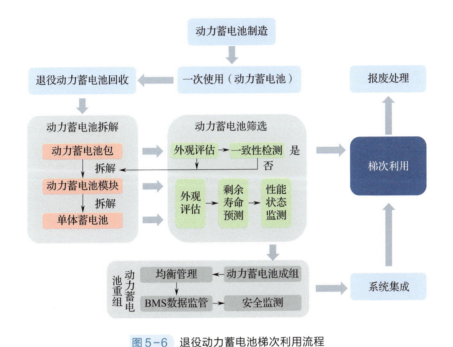

图 5-6 退役动力蓄电池梯次利用流程

注:崔树辉,等. 动力蓄电池梯次利用关键技术与应用综述 [J/OL]. 广东电力,2022 (1): 14 [2022-11-23]. http://kns.cnki.net/kcms/detail/44.1420.TM.20220711.1746.002.html.

3. 梯次动力蓄电池在低速电动车、通信基站等领域具有应用前景

经过几年的探索发展,当前梯次利用动力蓄电池主要应用于低速电动车、通信基站备用电源、工程机械、储能等领域。如在低速电动车方面,梯次动力蓄电池已经较多用在电动两轮车、三轮车上,质保期通常在三年左右,以租赁的形式租给外卖骑手或者快递员;在通信基站备用电源方面,梯次磷酸铁锂蓄电池在体积和使用效率上均比铅酸蓄电池更有优势,已经实现部分替代。而在储能方面,由于动力蓄电池一致性管理、监测评估技术等尚不成熟,出于安全考量,规模化梯次动力蓄电池的使用受到一定限制。2022 年 6 月,国家能源局综合司就《防止电力生产事故的二十五项重点要求(2022 年版)(征求意见稿)》征求意见,提出中大型电化学储能电站不得选用三元锂蓄电池、钠硫蓄电池,不宜选用梯次利用动力蓄电池;选用梯次利用动力蓄电池时,应进行一致性筛选并结合溯源数据进行安全评估。总体来看,国内的梯次利用研究仍处

于探索阶段，主要是以示范项目为主，还未形成完整的商业模式。梯次利用模式具有广阔的市场需求和空间，我国应积极引导和规范梯次利用模式发展，充分发挥动力蓄电池全生命周期价值。

四、聚焦再生利用技术突破

1. 正极价值量高，是当前主要的回收重点

三元锂蓄电池中含有的镍、钴、锰等金属含量远高于原矿，以 NCM523 为例，三者化学计量分别为 30.4%、12.2% 和 17.1%，而磷酸铁锂蓄电池即使不含镍、钴等稀有金属，其 1.1% 的锂含量亦高于我国开发利用的品位仅为 0.4%~0.7% 的原矿[5]。因此，这两种蓄电池的正极材料均具有较大再生利用价值，且材料再生效率高于原矿开采。目前，正极材料的再生利用方法主要有湿法回收、火法回收和物理回收（表 5-3）。三种方法的核心区别在于提取金属的关键工艺不同。湿法回收核心工艺是对电极粉加入化学试剂，从而浸出和提取金属；火法回收核心工艺是高温热解，从而得到金属氧化物；物理回收核心工艺是粉碎筛选后进行材料修复，是比较纯粹的物理过程。由于仅使用单一的工艺会有一定局限性，较难实现蓄电池的资源化回收，所以通常采用湿法和火法回收工艺联合的方式，例如在高温条件下对正极材料进行还原热解、硫化焙烧或氯化焙烧，正极材料稳定性被破坏，金属转变为单质、氧化物、氯化物等形式，后续再采用浸出工艺，可以有效提升金属回收率[6]。当前国内领先的回收企业格林美、邦普循环等，普遍以湿法回收工艺为主，并与火法回收工艺相结合。

2. 负极等其他主材的再生利用正在推进中

目前行业内对于价值量较低的负极、电解液和隔膜等材料的再生利用较少，但相关技术已有一定储备，产业化进程正在逐步推进。以负极石墨为例，目前其再生利用方法主要有物理法和化学法[7]。物理法的主要方式是浮选法，即利用物质本身的润湿性差异等特性，将疏水和亲水材料分开后进行选择，其

表5-3 正极再生利用的技术路线对比

技术路线	原理	优点	缺点
湿法回收	各种酸、碱性溶液作为转移媒介,将金属离子从电极材料中转移到浸出液中,再通过离子交换、沉淀、吸附等手段,将金属离子以盐、氧化物等形式从溶液中提取出来,主要方法包括湿法冶金、化学萃取以及离子交换	对设备和操作要求低,化学反应选择多,产品纯度高,能够合理控制投料,对空气无影响	反应速度慢,物料通过量小,工艺复杂,成本高
火法回收	不通过溶液等媒介,直接实现各类电池材料或有价金属的回收,主要方法包括机械分选法和高温热解法	工艺简单,能够去除残留的黏合剂	回收率较低,能耗较高,且产生一定的废气污染
物理回收	能够将电池中的7种材料全组分自动精确分离回收;材料修复技术:可将正、负极材料修复再生,重新回到生产环节	操作简单,可回收磷酸铁锂蓄电池,经济性好	人工强度大,不能完全对锂蓄电池进行组分分离,回收率通常较低

注:覃俊桦,鲍莹,戴永强,等. 锂离子动力蓄电池回收利用现状及发展趋势[J]. 现代工业经济和信息化,2021,11(6):99-100.

技术成熟,操作简单,但分选得到的石墨纯度有待提高。化学法包括火法冶金和湿法冶金(图5-7),与上述提到的正极材料回收工艺原理类似,火法工艺简单,但其能耗高、石墨回收率和产品纯度低,湿法工艺能耗低、回收率高,但存在电解质和黏合剂残留等问题。各种方法优劣不一,仍需要进一步强化石墨负极材料深度除杂、低成本高效利用及最终无害化处置技术的研发。再生石墨的资源化利用主要是用作电池负极材料、石墨烯原材料、纳米复合薄膜原材料以及催化剂等[8]。电解液的再生利用方法主要有蒸馏法、机械法和超临界萃取法等,由于电解液再生利用工艺复杂,且再生产物难以满足电池要求,国内外企业主要聚焦于电解液焚烧法进行无害化处理[9],不过也有少数企业已经实现电解液溶剂的产业化再生利用。目前隔膜的再生利用研究较少,缺乏适用领域，经济性较差。因此，研发经济可行、低碳环保的退役动力蓄电池全组分再生利用工艺，具有较强的创新性和重要的现实意义。

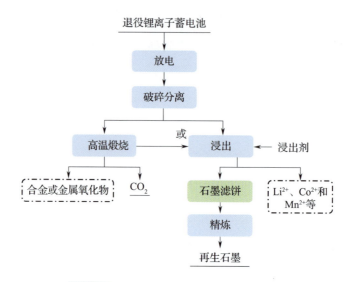

图5-7 化学法回收负极石墨材料工艺流程

注：龙立芬，张西华，姚沛帆，等. 废锂离子电池石墨负极材料利用处理技术研究进展 [J]. 储能科学与技术，2022，11（10）：3076-3089.

3. 三元锂蓄电池拆解再生更具市场经济竞争性

当前，废旧动力蓄电池的市场价格一般以电池金属元素价格为基准，并乘以一定的折扣系数进行回收。由于以往碳酸锂价格较低，三元锂蓄电池的回收主要按镍、钴计价，磷酸铁锂蓄电池则按锂计价，折扣系数依据市场供需行情而变化。2022年以来，由于碳酸锂价格持续上涨，折扣系数与其发生同方向波动。根据上海有色金属网（SMM）信息，三元锂蓄电池的回收折扣系数已从2021年年中的70%跳涨至200%左右，废旧三元锂蓄电池回收价超过6万元/t；磷酸铁锂蓄电池曾经可以免费回收，到现在折扣系数也达到了60%以上，废旧磷酸铁锂蓄电池回收价超过3万元/t。以湿法回收处理1t的三元523正极粉料进行初步测算，回收处理成本包括原材料成本和制造成本，回收收入主要是将碳酸锂、硫酸镍、硫酸钴等生成品按市价进行销售，毛利可以达到4.8万元，毛利率约为17.5%（表5-4），综合收益保持在不错的水平。而以湿法回收处理1t的磷酸铁锂正极粉料进行测算，其毛利为0.32万元，毛利率仅为2.9%（表5-5），产品价格无法很好地覆盖成本。从整体行业来看，现在波动不断的回收价格除了影响回收企业的利润空间外，还会带来较大的现金流压力和存货跌价风险，拥有电池回收渠道资源、技术优势或者垂直一体化布局的企业将更容易在激烈的竞争中胜出。

表5-4 回收处理1t三元523正极粉料经济性测算

回收处理成本/万元		22.72
1. 原材料采购成本		20.32
1.1 钴采购成本/万元		8.41
1	单位正极材料所含金属量（%）	12.2
2	金属价格/(万元/t)	34.45
3	折扣系数（%）	200.0
1.2 镍采购成本/万元		11.92
1	单位正极材料所含金属量（%）	30.4
2	金属价格/(万元/t)	19.6
3	折扣系数（%）	200.0
2. 辅助材料成本/万元		0.83
3. 燃料动力成本/万元		0.21
4. 预处理成本/万元		0.17
5. 环境处理成本/万元		0.15
6. 人工成本/万元		0.16
7. 运输成本/万元		0.67
8. 折旧与设备维护/万元		0.21
回收收入/万元		27.53
1. 碳酸锂销售/万元		18.21
质量/t		0.33
1	单位正极材料所含金属量（%）	7.2
2	回收率（%）	85.0

(续)

回收收入/万元			27.53
单价/（万元/t）			55.90
2. 硫酸钴（七水）销售/万元			3.56
质量/t			0.57
	1	单位正极材料所含金属量（%）	12.2
	2	回收率（%）	98.0
单价/（万元/t）			6.25
3. 硫酸镍（六水）销售/万元			5.42
质量/t			1.33
	1	单位正极材料所含金属量（%）	30.4
	2	回收率（%）	98.0
单价/（万元/t）			4.06
4. 硫酸锰（单水）销售/万元			0.34
质量/t			0.52
	1	单位正极材料所含金属量（%）	17.1
	2	回收率（%）	98.0
单价/（万元/t）			0.65
毛利/万元			4.80
毛利率（%）			17.5

注：1. 东吴证券. 电池再利用2.0：十五年高景气长坡厚雪，再生资源价值凸显护航新能源发展 [R/OL]. (2022-03-16) [2022-11-23]. https://pdf.dfcfw.com/pdf/H3_AP202203161553002647_1.pdf.

2. 材料价格选取上海有色金属网（SMM）2022年11月2日市场行情价格；假设锂回收率为85%，镍、钴、锰的回收率为98%。

表5-5　回收处理1t磷酸铁锂正极粉料经济性测算

回收成本/万元			10.81
1. 原材料采购成本/万元			8.41
1.1 锂采购成本/万元			8.41
	1	单位正极材料所含金属量（%）	4.4
	2	金属价格/（万元/t）	294
	3	折扣系数（%）	65.0

（续）

回收成本/万元			10.81
2. 辅助材料成本/万元			0.83
3. 燃料动力成本/万元			0.21
4. 预处理成本/万元			0.17
5. 环境处理成本/万元			0.15
6. 人工成本/万元			0.16
7. 运输成本/万元			0.67
8. 折旧与设备维护/万元			0.21
回收收入/万元			11.13
1. 碳酸锂销售/万元			11.13
质量/t			0.20
	1	单位正极材料所含金属量（%）	4.4
	2	回收率(%)	85.0
单价/（万元/t）			55.90
毛利/万元			0.32
毛利率（%）			2.9

注：1. 东吴证券. 电池再利用2.0：十五年高景气长坡厚雪，再生资源价值凸显护航新能源发展［R/OL］. (2022-03-16)［2022-11-23］. https://pdf.dfcfw.com/pdf/H3_AP202203161553002647_1.pdf.

2. 材料价格选取上海有色金属网（SMM）2022年11月2日市场行情价格；假设锂回收率为85%。

第六章 推动农村电动化出行

第一节 农村电动汽车发展制约因素

一、产品供给问题

1. 电动汽车价格相对燃油汽车竞争力差

目前电动汽车续驶里程、充电速度、动力等性能已经达到了农村消费者的期望值（图6-1），比如在续驶里程方面，小型、微型车能够满足日常出行需求（续驶里程200km）；而对于高续驶里程的出行需求，目前市场上也有较多的车型可供选择，据不完全统计，续驶里程400km以上的车型占比达到57%（图6-2）。

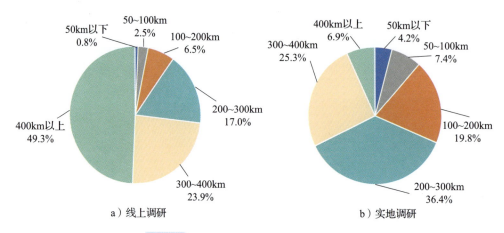

图6-1 农村居民对电动汽车续驶里程期望

注：1. 中国电动汽车百人会. 中国农村地区电动汽车出行研究 [R/OL]. (2020-07) [2022-11-23]. http://www.nrdc.cn/information/informationinfo?id=258&cook=2.
2. 线上调研易受到中高收入农村居民占比较高、缺乏电动汽车基本知识辅导等因素影响，此处重点参考线下调研结果。

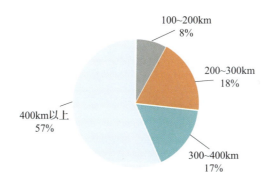

图6-2 不完全统计市场在售1698款电动乘用车（纯电动）续驶里程区间分布情况

注：中国电动汽车百人会. 中国农村地区电动汽车出行研究［R/OL］.（2020-07）［2022-11-23］. http://www.nrdc.cn/information/informationinfo? id=258&cook=2.

但在车辆价格方面，供给和需求有一定的错位。由于相对燃油汽车价格竞争力较差，农村居民选择电动汽车的动力不足，一方面，农村居民购车预算在7万元以内的人群占比较高（图6-3），但7万元以下可选车型种类相对较少，据不完全统计，目前市场在售的电动乘用车中，7万元以下的车型占比仅有9%（图6-4）；另一方面，对于价格敏感的农村居民来说，与同等价位的燃油汽车相比，电动乘用车性价比仍不高，以4万~7万元的车型为例，电动乘

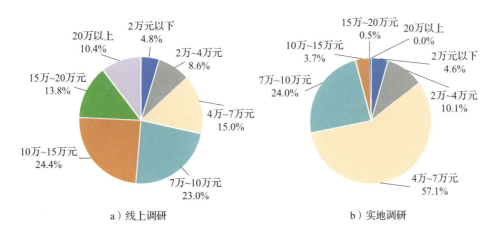

a）线上调研　　　　　　　　　　b）实地调研

图6-3 农村居民电动汽车价格接受程度

注：中国电动汽车百人会. 中国农村地区电动汽车出行研究［R/OL］.（2020-07）［2022-11-23］. http://www.nrdc.cn/information/informationinfo? id=258&cook=2.

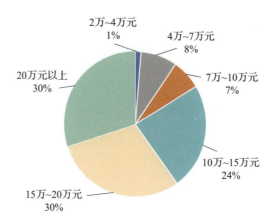

图6-4 不完全统计市场在售1698款电动乘用车（纯电动）价格区间分布情况

注：中国电动汽车百人会. 中国农村地区电动汽车出行研究［R/OL］.（2020 - 07）［2022 - 11 - 23］. http://www.nrdc.cn/information/informationinfo？id = 258&cook = 2.

用车基本都是小型、微型车，而相同价格则可以购买自主品牌紧凑型燃油汽车（如荣威i5、长安逸动、哈弗M6等），目前供给端与需求端的差额约2万元。

2. 电动汽车企业产品布局存在一定的滞后性

汽车企业虽然重视农村电动汽车消费市场，乘用车产品也在下沉，但在农村市场全面布局的动力较弱，多功能产品较稀缺（表6-1）。企业主要存在以

表6-1 汽车企业针对农村市场的考量

车型	布局程度	农村市场开始大力推广时间	布局策略	经销方面	阻碍因素
电动乘用车	★★	2023—2025年	产品下沉降配置	部分城市/县布局；乡镇、农村较少布局	相对燃油汽车成本竞争力差
电动多功能车	★	2025年后	根据电动化降本速度和农村市场需求针对性开发	无	相对燃油汽车成本竞争力差
低速电动车	★★★★★	部分区域已经普及	产品升级多样化	城镇、农村区域	标准问题

注：1. 中国电动汽车百人会. 中国农村地区电动汽车出行研究［R/OL］.（2020 - 07）［2022 - 11 - 23］. http://www.nrdc.cn/information/informationinfo？id = 258&cook = 2.
2. 多功能车主要是指除了用作出行外兼顾拉货等功能的车辆，如皮卡。
3. 布局程度星数越多代表程度越强。

下顾虑；电动汽车成本相对传统燃油汽车竞争力不强，降价销售电动汽车将导致企业亏损；除了一些低速电动汽车，农村汽车市场电动化渗透率还较低，产品规模效应无法体现，过早布局风险较大。

二、安全保障问题

电动汽车安全问题是消费者和行业内关注的重要方面。对车辆在不同状态下的起火因素进行分析发现，大部分车辆起火是在静置和行驶中发生的，两种状态合计起火事故占比达77%（图6-5）。

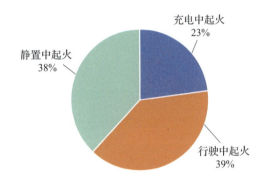

图6-5　2020年电动汽车安全事故原因统计

注：未来汽车日报. 2020年电动汽车起火事故分析［R/OL］.（2021-02-18）［2022-11-23］. https://auto-time.36kr.com/p/1103748785359366.

农村消防体系存在薄弱环节，安全控制能力较差。目前农村地区消防体系较薄弱，主要体现在：农村消防基础设施缺乏，一些农村地区没有符合规范的消防通道、设施和可靠水源，另外，部分乡镇与市/县公安局消防队距离较远，导致出警路线长；村民防火救火安全意识淡薄，缺乏安全用电常识和基本的防火常识，火灾自防自救能力偏低；缺少专项资金，导致成功的农村消防试点示范作用难以推广[10,11]。电动汽车一旦在非合理充电情况下发生着火事故，如果控制不当，将对农村居民的人身与财产损害较大，从而会影响农村居民对电动化产品的消费信心。

三、服务保障问题

1. 农村汽车服务网点少，电动汽车维修便利性较差

农村地区消费能力有限、汽车保有量少、村民居住较分散，建立大型的售后服务网点投资回报率低，导致农村地区多是在乡镇设立小型汽车维修服务站（图6-6），从而增加了电动汽车维修出行成本，便利性较差。

图6-6　农村地区售后服务路径示意图

2. 农村电动汽车维修质量无保障

农村地区汽车维修服务网点缺少针对电动汽车维修的硬件条件，并存在低质零部件流入农村地区的风险。由于电动汽车电气化元件较多，大型维修服务站都会配备专业的故障检测设备，车辆故障检测高效、精准。而农村地区的小型维修站缺乏相关的设备保障，对车辆故障的判断主要源于经验，需要把可能引发故障的诱因逐一检查排除，效率较低。另外，为了迎合农村用户的消费心理，一些价格低廉、品质较差的"副厂"汽车零部件产品会流入农村市场，进一步增加使用电动汽车的安全风险。

3. 电动汽车维修技师短缺

由于电动汽车的电路与传统燃油汽车不同，传统燃油汽车电压大多数为12V或48V，而电动汽车的电压往往高达几百伏，因此电动汽车维修技师需要持"新能源汽车电工操作证"才能正常上岗。而当前的汽车维修技师中，大多

数需要考取相关的资质认定证书，否则不具备维修能力，若强行对电动汽车进行维修，则存在安全风险。整车厂一般通过售后服务系统对体系内的维修技师进行专项维修技能提升培训，农村地区的技师无法参与。

另外，随着电动汽车在农村地区的逐步推广，退役动力蓄电池规模也将增加，若不对退役动力蓄电池进行统一、专业的回收处理，将增加环保风险和安全隐患。

四、充电基础设施配套问题

虽然农村家庭一般都具备慢充条件，但部分居民仍有快充需求，在公共快充桩建设过程中，将面临由于驱动力不强导致的投资主体缺失问题。

一是受建设成本制约，农村地区自主建设快充桩存在一定阻力。在农村地区，距离取电点较近且无需增容地点，安装一根60kW的直流快充桩需花费约4万元。由于农村经济条件较差，支付建设快充桩的费用比较困难，无论是由农村居民集资还是村委会拨款均存在一定阻力。

二是充电基础设施运营商在农村地区布局直流快充桩的驱动力不强。如果充电基础设施运营商在农村布局快充桩，将会涉及电价和充电服务费的问题。农村居民慢充的充电费为居民生活电价，如果采用直流快充，不仅要按一般工商业电价支付电费，还需额外支付充电服务费，而农村居民对于价格因素比较敏感，使用快充桩的动力不足，将影响快充桩利用率，进而影响充电基础设施运营商的经济效益，布局驱动力不强。

第二节　农村电动化出行发展路径及保障

一、农村电动化发展路径

（一）各层级农村电动化出行区域画像

中国不同城市间及城市内各区域农村的差异性较大，在电动化发展过程中，需要根据各地禀赋条件循序推进。本节选取能源与交通创新中心（iCET）对中国城市传统汽车退出时间表[12]分析中适合农村的关键因素（表6-2），并结合农村地区电动化发展的特殊性，增加了一些影响农村电动化发展的关键指标（表6-3），构建出农村电动化发展三个层级（表6-4）。

表6-2 iCET分析城市电动化中关键因素及农村适用性情况

关键因素	农村适用性	主要依据
经济发展 （指标：人均GDP）	适用	居民经济条件好坏一定程度上会影响其对电动汽车认知及成本接受程度
汽车饱和度 （指标：千人保有量）	不适用	农村居民在选择是否购买电动汽车产品时，主要基于其对电动汽车的认同度和成本接受能力。《中国统计年鉴》显示，2018年农村各地区汽车百户拥有量高低与经济水平相关性较小，暂不考虑该因素
燃油汽车限购	不适用	农村区域限制性较小
燃油汽车限行	不适用	农村区域限制性较小
新能源汽车推广 （指标：新能源汽车推广量）	适用	城市新能源汽车发展的示范对农村区域具有带动作用
新能源汽车产业 （指标：产业集群）	适用	有电动汽车产业集群效应（尤其是有整车企业的地区）
充电基础设施 （指标：充电桩数量）	不适用	农村私人充电为主，公共慢充桩数量不是主要衡量指标（公共快充桩衡量指标包含在"政府决策与执行力"因素中）
大气治理重点区域	适用	大气环境重点治理区域发展电动化更具有紧迫性
创新示范与开放性 （指标：新能源汽车示范及开放指数）	适用	创新示范具有带动作用
政府决策与执行力 （指标：对中央政策的响应能力及执行力）	适用	政策响应与决策力强的城市推动能力更强，如积极推动农村地区公共快充桩建设等

表6-3　农村电动化发展影响的关键指标

关键指标	选取原因
电力条件（指标：家庭配电容量与功率）	充电能力保障及电动化对电网的影响程度
道路条件（指标：硬化路率）	机动化行驶保障
后市场服务（指标：维修距离）	使用过程中维修等便利性保障
城镇化（指标：城镇化发展速度）	城镇化发展对新购车需求具有一定影响

表6-4　农村电动化发展层级及典型区域

项目	第一层级	第二层级	第三层级
经济发展	发达	较发达	欠发达
城镇化发展速度	快	较快	一般
电力条件	强	中	弱
道路条件	高	中	低
后市场服务	发达	较发达	欠发达
新能源汽车推广	领先	较领先	一般或缺乏
新能源汽车产业	发达	较发达	欠发达
大气治理重点区域	是	是/部分是	一般
创新示范与开放性	强	较强	一般
政府决策与执行力	高	较高	一般
典型区域	农村整体条件较好区域，如北京、天津、长三角、珠三角及东部沿海区域 农村电动化发展较好的区域，如山东、河南部分农村	部分省会农村区域，如太原、合肥、成都、长沙等	部分欠发达农村区域，如宁夏、甘肃、贵州、内蒙古等区域

注：1. 由于中国农村差异性较大，且部分关键指标缺乏核心数据支撑，本表典型区域为方向性指引。
　　2. 暂不考虑雄安及海南等功能性区域。

（二）农村电动化出行发展路径

1. 导入阶段

以电动乘用车下沉产品和升级的低速电动车导入农村市场，重点在第一层级农村地区开展电动化出行示范。以安全、低成本低速电动车满足中老年人群出行需求并逐步实现产品升级，以电动乘用车下沉产品满足部分年轻人消费需求（图6-7），通过部分产品的推广实现带动效应，在第一层级的农村地区开展电动化出行示范区，总结农村电动化出行的实际推广经验。在该阶段，多功能车型的研发设计基本完成，并且成本的可行性也得到了确认。

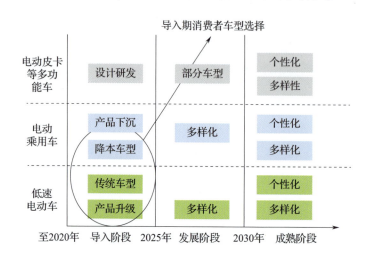

图6-7 农村电动化出行发展产品实现路径

2. 发展阶段

通过产品多样化扩大农村电动化出行市场，在第一层级农村地区全面推广电动化出行，并重点发展第二层级农村电动化出行。该阶段第一层级农村地区电动化出行已经取得一定的经验成果，并且电动化产品已经完全具备与传统燃油汽车成本竞争的优势，通过产品多样化深化电动化产品在农村的推广，使增量和存量市场中电动化产品比例实现增长。依据实际的农村电动化出行推广经验，在较成熟的产品供应体系基础上，进一步深化第一层级农村地区的电动化出行水平，并重点在第二层级农村地区推广电动化产品，第三层级农村地区逐步开展电动化出行的准备工作。在该阶段，多功能车辆部分车型逐步在特定区域和领域推广。

3. 成熟阶段

农村电动化出行进入成熟的市场化阶段。该阶段农村居民已经完全接受电动化产品，并且第一层级和第二层级的农村地区已基本形成较完善的电动化出行体系，第三层级农村地区的电动化出行基础工作也已取得一定进展。该阶段重点推动第三层级农村地区的电动化出行体系建设，并完善其他两层级农村地区电动化出行体系。在该阶段，农村地区的电动化出行产品在新增和存量市场逐步完成对传统燃油汽车的替代。

（三）电动化情景中的农村低碳出行体系

构建步行+自行车+电动化产品的低碳出行体系。结合步行和自行车等传统出行方式，在电动化产品大范围推广时期，传统燃油出行工具将被低碳产品逐步替代，并通过共享汽车和客车等方式，缓解由于车辆规模过大导致的交通拥堵问题，以及保障一些特殊人群的出行需求，实现农村地区出行低碳化（图6-8）。

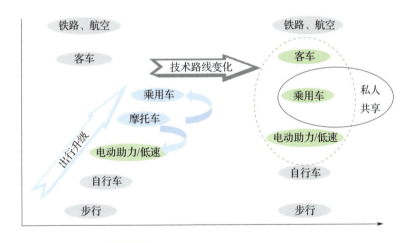

图6-8 电动化情景中农村低碳出行体系

二、农村电动化发展保障

（一）经济保障

农村居民对电动汽车价格敏感度高，当前电动汽车与传统燃油汽车购置价格还有较大差距，将阻碍农村地区电动汽车的普及速度。因此，在农村地区电动化出行推广初期，政府可以在农村居民购买电动汽车时给予适当的财政扶持，弥补当前电动汽车的价格劣势。

1. 在购置过程中给予适当的财政支持

我国曾在2009—2010年实施过摩托车汽车下乡补贴政策，两年期间共兑付补贴资金265.67亿元，共补贴汽车499.69万辆以及摩托车1291.78万辆[13]，其中对每辆汽车的补贴金额大约在3000~5000元不等[14]。针对农村地区电动汽车发展，启动电动汽车下乡政策，研究相关财政扶持政策，如车辆置换补贴、充电费补贴或购置税减免延续（相对城市延长时间）。由于电动汽车财政补贴的不可持续性，也需要创新农村电动汽车推广模式，如共享出行、光伏与电动汽车协同发展等，通过市场机制推动农村地区电动化持续发展。

2. 防止电动汽车骗补现象

为了防止出现城市电动化过程中骗补事件发生，需要研究防范措施。如仿照汽车下乡，设定适合农村使用的电动汽车名单；对享受补贴的车辆设定最低过户年限，对每户村民设置总补贴上限；监控电动汽车运行情况，防止购买电动汽车后的闲置情况发生。

（二）安全保障

1. 促进电动汽车的安全使用

解决电动汽车安全问题，除了加大产品供应端的安全保障（如从材料、电芯、BMS和系统各层级严格把关，建立面向产品开发的各层级安全测评体系等），按照安全规范使用电动汽车也是减少安全事故的重要措施。2019年1月，由中国汽车工业协会、中国汽车动力蓄电池产业创新联盟、中国电动汽车充电基础设施促进联盟等编制的《电动汽车安全指南（2019版）》正式发布，该指南从电动汽车全产业链和全生命周期入手，梳理了电动汽车的各种安全风险，参考下游国际国内标准，汇集一线专家经验，为提高全行业对电动汽车安全性的认知，提高安全设计、制造水平，提高电动汽车合理使用和维护，以及安全性管控水平，探索安全的、系统性的解决方案和意外发生时的应急处理手段做出了贡献。农村地区可考虑在《电动汽车安全指南（2019 版）》的基础上，结合农村实际使用环境，编制适用于农村居民的电动汽车使用安全手册，并组织村民集体学习如何安全驾驶电动汽车、如何规范地对电动汽车进行充电、遇到着火等安全事故时如何处理、冬季夏季使用电动汽车时的特殊注意事项、定期对车辆进行维修等相关内容。

2. 使用数据接入监管平台

保障农村地区的电动汽车使用等相关数据接入国家、地方政府和企业的监管平台。一方面，农村地区电动汽车数据接入平台能够对电动汽车安全进行提前预警，减少人员伤害和财产损失；另一方面，农村地区的电动汽车接入平台能够丰富数据量，为事后分析工作提供更多的支持，从而完善电动汽车安全的正向设计，并且通过电动汽车安全事故原因的大数据统计结果，也能更好地指导消费者对电动汽车进行安全使用。

3. 完善农村地区消防体系

加强农村消防基础设施建设、增强村民的消防安全意识和灭火逃生技能以及完善农村整体的消防安全救援体系，并且应该建设针对农村地区的电动汽车消防保障体系，将电动汽车消防纳入整体消防建设规划中。

（三）服务保障

1. 提供对农村地区汽车及电动汽车售后服务网点建设、运营支持

地方政府给予面向农村地区售后服务网点建设相应的倾斜政策，在农村售后服务网点建设费用方面给予支持，并鼓励在现有燃油汽车维修服务体系下，新增电动汽车维修业务以及回收退役动力蓄电池等业务。例如，可通过降低贷款利息减少资金筹措成本，以无偿或低租金的方式供应土地，减免农村户籍人员技校学费，在一定时期内减免部分所得税降低运行成本等。

2. 鼓励农村地区培养电动汽车维修技术人员

首先，鼓励当地县/市的中、高等技校开设电动汽车相关的职业技术专业，

为当地培养相关技术人员提供教育基础支持。其次，通过在农村地区科普宣传电动汽车的基础知识和发展前景，鼓励当地青少年进入技校学习电动汽车维修检测等相关专业；引导当地已具备传统汽车维修技能的人员，重返技校补充学习电动汽车相关技能。最后，对学业合格并顺利毕业的学员，可提供一定的就业服务保障（图6-9）。

图6-9　农村地区电动汽车维修技师供应保障路径

（四）便利保障

1. 村委会应配合农村居民安装慢充桩

在购买电动汽车时，整车厂会随车赠送慢充桩。由于农村居民具备安装充电桩的基本条件，村委会应配合提供建桩的相关材料，简化办事流程，保障慢充桩的建设。

2. 将公共快充桩纳入农村基础设施建设范畴

当前农村居民的居住条件可以满足慢充要求，但仍需建设少量快充桩来保障部分居民的应急充电需求。由于快充桩建设成本高、使用率较低，充电基础设施运营商投资建设的驱动力不强，而由农村居民集资或村委会拨款也存在一定阻力。建议将农村快充桩建设纳入基础设施建设范畴内，由中央或地方财政直接拨款建设，或以购买5~6年（运营情况较好的充电桩回本周期）充电服务的形式，由充电基础设施运营商建设运营。

（五）产品保障

1. 对现有出行产品进行改造和升级

近期通过设计和生产控制，提升低速车产品的安全和质量，减少缺陷产品在农村市场的蔓延；设计生产适合农村出行的高质量、低成本、实用的微/小型电动乘用车产品；在降本层面，企业短期可以通过采购低成本动力蓄电池、电机等零部件，并针对农村出行特点实现性能的合理配置，如减少动力蓄电池装载量、取消真皮座椅、取消天窗等，利用线上销售、共享大卖场等形式降低成本。中远期，随着农村消费进一步升级及电动汽车降本，研发生产多样化出行产品，满足农村居民对产品个性化的需求。通过计算，短期内通过产品配置就可以降低电动汽车成本25%，再考虑规模效应及有效管理等措施，成本还可进一步降低。

2. 设计生产适合农村多场景应用的车型

在广泛调研的基础上，开发生产适合农村多场景应用的电动化出行产品，如电动皮卡、电动小客车等，满足农村居民出行需求的同时，实现拉货和拉农产品等多用途使用。

（六）模式保障

1. 探索农村地区电动化汽车共享模式

共享出行为电动汽车进入农村提供了应用场景。2020年，国家要求具备条件的建制村全部通客车，但由于部分农村处于偏远地区，人口较少，公交车或村村通客车利用率较低，经济性较差。针对这种情况，宁德、海口、儋州等城市开展了电动乘用车村村通项目，为村民提供价格较低的约车、拼车服务。该模式能够解决农村居民出行需求，更是电动汽车进入农村的一个重要切入点，能够起到很好的示范作用。

继续探索电动汽车村村通模式与公交系统融合的可行性。农村地区电动汽车共享出行模式还在发展初期，虽然部分地方政府提供了车辆的购置和运营补贴，并在充电设施建设方面给予大力支持，但目前企业的盈利情况却参差不齐，部分企业处于亏损状态。为解决企业盈利难困境，可以考虑将村村通平台接入城市和城乡客运公交平台，为公交和客运系统引流，提升电动汽车村村通的综合价值，逐步解决盈利困难问题。

2. 探索农村光伏和电动汽车协同发展模式

与光伏协同发展，将成为电动汽车在农村推广的重要推动力。电动汽车既是电能消耗单元，也具备储能特性，结合农村光伏的发展，能够提升农村居民综合经济效益，推动电动汽车在农村地区的广泛应用。

一是增强农村居民对光伏产业的认知。在农村地区开展公众教育和科普活动，加强农村居民对光伏系统及相关金融扶持政策的认知，提高应用光伏的积极性，通过示范作用进一步增强农村居民的接受度。

二是要建设完善的能源调配体系，实现农村可再生能源供给能力与电动汽车用电需求的有效衔接。一方面，应当充分挖掘农村本地可再生能源应用潜力，鼓励可再生能源"储充放"多功能综合一体站建设，实现生物质能、太阳能、风能、地热能等资源向电能的转化与存储。另一方面，加快电力体制改革进程，保障农村地区电动汽车与电网能够良性互动，加强电动汽车用电系统与可再生能源电力预测预报系统实现信息融合共享，实现电力全网协同调度为电动汽车发挥储能效益营造良好环境。

三是要鼓励农村积极融入清洁发展机制（Clean Development Mechanism，CDM）碳交易市场，有效摊薄电动汽车使用成本与可再生能源开发成本。目前可再生能源开发成本较高，电动汽车用电带来的收入不足以覆盖全部开发成本。因此，企业应当积极开发CDM项目，与城市地区展开碳排放交易，获取碳排放指标CERs⊖收益，有效降低企业经营成本，完善并执行绿证、碳排放等政策，推动分布式光伏在乡镇企业范围的应用。

⊖ CER 是 Certified Emission Reduction 的缩写，即经核证的减排量。CERs 是 CDM 项目下允许发达国家与发展中国家联合开展的二氧化碳等温室气体核证减排量。

第七章
发挥新模式的推动作用

第一节　车网互动商业模式

一、通过新模式新能源汽车消费者获得新价值

在商业可行性验证阶段，项目的收益来源主要为电力辅助服务费[①]。在实行峰谷电价差的地区，电动汽车车主也可获得峰谷价差收益，但由于峰谷价差仅依赖当地峰谷电价的施行及电动汽车本身具备的充电时间选择功能，峰谷价差收益很难成为负荷中间商的收益来源。

商业可行性验证阶段的起步时期，对电动汽车用户提供的收益应为固定的（包含峰谷价差及电力辅助服务费），以尽可能降低电动汽车用户的理解难度，调动电动汽车用户的参与积极性。商业模式被广泛理解后，可将电动汽车用户的收益与电力辅助市场相结合，提供浮动收益。

（一）激励手段

1. 峰谷价差

峰谷价差是电动汽车车主的重要收益来源之一，但很难作为负荷中间商的收益来源。目前我国各地区峰谷电价差水平不同，居民生活用电峰谷价差平均值在 2∶1 以下，工商业用电峰谷价差平均值在 3∶1 以下。未来，我国峰

---

① 由于负荷中间商也可提供公共桩充电服务，因此可加收充电服务费。但服务费的收取仅与提供公共充电服务有关，与车网互动无关，不构成增量收益，故不将服务费收益作为负荷中间商的收益来源。

谷电价差距将进一步加大，有利于车网协同的推广。根据国家发展和改革委员会于 2021 年 7 月 29 日公布的《关于进一步完善分时电价机制的通知》，我国各地将加大居民及工商业峰谷价差的比例至少为 3∶1，其中电力系统峰谷差率超过 40% 的地方的峰谷电价价差原则上不低于 4∶1。

假设每辆纯电动私家车每天行驶里程为 55km、电耗为 16kW·h/100km，则日消耗电量为 8.8kW·h，按目前峰谷电价差 1 元/kW·h 测算，则每年（365 天）可获得 3212 元收益；假设未来峰谷电价差达到 1.5 元/kW·h，则每年可获得 4818 元收益。

2. 电力辅助服务与需求响应

国内不少地区针对电动汽车参与电力辅助或需求响应出台了补贴政策。按照 1 元/kW·h 补贴价估算削峰/填谷服务价格。假设智能有序充电模式下，日消耗电量由削峰或填谷方式进行补能，则日响应量为 8.8kW·h，若每年 90% 时间进行响应，则每年可获得 2890.8 元收益。假设 V2G 模式下，单车带电量为 50kW·h，最大放电深度（Depth of Discharge，DOD）为 40%，正常行驶里程下每天一充一放，放电价格为 1 元/kW·h，则每天放电 30kW·h，充电 38.8kW·h，每年可获得 22600.8 元收益。

该项收益可由负荷中间商及电动汽车用户分配。部分进行需求响应或虚拟电厂试点的地区为削峰填谷支付 0 ~ 5 元不等的补贴。值得注意的是，在目前电力辅助市场上无补贴情况下，电网为火电机组调峰支付的价格多在 0.1 ~ 0.3 元区间，因此，若当地无补贴政策或补贴政策结束，电力辅助服务的收入可能锐减。

（二）成本构成

车网协同模式下，不同的参与主体面对的成本构成也不一致，详见表 7 – 1。

表 7-1 成本构成

主体	成本构成
负荷中间商	市场营销费用,如引导用户参与辅助服务的营销活动策划费用;日常运营支出、平台使用费等
运营商	电费成本、充电运营费用(如引导用户充电的费用)、平台使用费等
平台服务商	平台研发费用、平台迭代费用、平台运维费用等
电动汽车车主	动力蓄电池衰减、充电电费、时间成本等

(三) 盈利测试

以运营商为研究对象,假设运营商充当负荷中间商的角色,测算不同商业模式下的经济性。

✓ **商业模式1:智能有序充电,不参与电力辅助服务**

在该种商业模式下,收入由峰谷价差构成,成本由智能有序充电桩构成。假设峰谷价差为 1 元/kW·h,每辆纯电动私家车每天行驶里程为 55km、电耗为 16kW·h/100km,日消耗电量为 8.8kW·h,则每年可获得 3212 元收益。而单个智能有序充电桩成本约为 3000 元/台,回收期小于 1 年。这说明在智能有序充电桩增量成本不大的情况下,峰谷价差的实行将对大多数电动汽车用户提供足够的参与有序充电的动力。但该商业模式下,电动汽车仍为规模小、分散、接入点环境复杂的充电负荷,增加了电网运行的复杂度。

✓ **商业模式2:智能有序充电 + 电力辅助服务**

在该种商业模式下,峰谷价差收入仍由电动汽车用户享有,负荷中间商通过提供电力辅助服务获得收入,且电力辅助服务收入可与电动汽车用户分成。成本为智能有序充电桩成本及聚合软件平台成本之和。假设智能有序充电模式下连接 1000 台充电桩的聚合商软件平台开发成本为 160 万~170 万元、维护成本为 20 万元/年、充电桩和负荷中间商软件平台寿命约为 8 年。根据调研信息,业内智能有序充电系统接入的充电桩至少要达到 1000 台,单桩成本是

3000 元，所以充电桩成本是 3000 元/台 × 1000 台 = 300 万元；生命周期以 8 年计，全生命周期维护成本为 20 万元/年 × 8 年 = 160 万元。智能有序充电模式下，全生命周期成本 = 充电桩成本 + 软件平台开发成本 + 软件平台维护成本 = 300 + 160 + 160 = 620 万元。据此，有序充电桩在参与电力辅助服务的情境下全生命周期总成本预估约 620 万元。智能有序充电桩成本可采用"谁所有谁承担"原则进行分配，若负荷中间商承担充电桩成本，则该桩为公共桩，可收取充电服务费作为收益。该模式与商业模式 1 相比，增量收入来自于电力辅助服务费，增量成本为聚合软件平台成本。

假设充电桩、聚合软件平台寿命均为 8 年，测算不同软件平台分成比例和不同电力辅助服务价格情形下接入 1000 桩的聚合软件平台的收益。其他关键假设为每天交易电量为 8.8 kW·h，一年中 90% 的天数参与电力辅助服务。

软件平台的根本价值在于整合分散的电动汽车提供电力辅助服务，因此电力辅助服务分成是软件平台重要的盈利来源。如图 7-1 所示，分成比例越高，软件平台实现盈利所需的电力辅助服务价格越低，也越容易实现盈利。适当的分成比例将建立起持续的商业模式。由于软件平台的边际成本较低，电动汽车接入的边际收入高于边际成本，因此软件平台自身要做大规模，通过规模化摊平成本。在无补贴的 0.1~0.3 元电力辅助服务价格水平下，软件平台很难实现盈利。

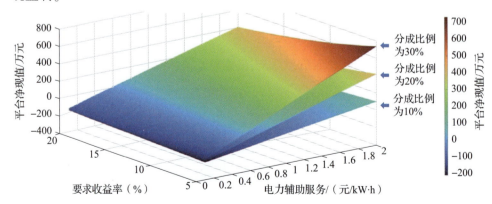

图 7-1　软件平台分成为 30%、20%、10% 时不同电力辅助服务价格下项目收益情况

✓ 商业模式3：V2G+电力辅助服务

在该商业模式下，充电过程中的峰谷价差收入仍由电动汽车用户享有，电力辅助服务收入可由负荷中间商、电动汽车用户共享。放电过程中可产生放电收入，该项收入可由负荷中间商、电动汽车用户共享，或由电动汽车用户独享。目前尚未形成市场化或规模化的放电价格；少数 V2G 试点中放电价格高于谷电、低于峰电，假设放电价格为 0.7 元/kW·h，不同电力辅助价格下 V2G 项目收益情况如图 7-2 所示。

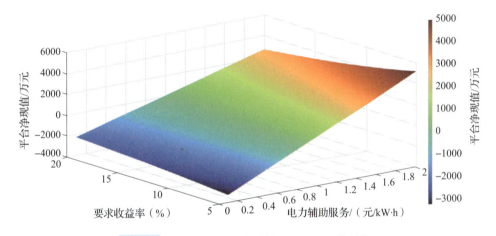

图 7-2　不同电力辅助服务价格下 V2G 项目收益情况

V2G 模式下，全生命周期成本 = V2G 充电桩成本 + 动力蓄电池损耗 + 负荷软件平台成本。仍然假设生命周期为 8 年、接入充电桩为 1000 台以便对比。根据调研，目前 V2G 单桩成本为 1 万元，故充电桩成本为 10000 元/台 × 1000 台 = 1000 万元。V2G 模式下负荷软件平台比智能有序充电模式下增加了放电优化等功能，更复杂，所以平台的研发成本和维护成本都有所提升，其中研发成本提升至约 400 万元。在软件平台使用过程中，数据量激增，所以会导致通信费用大幅上涨。业内估计维护和通信费用约为 90 万元/年，因此，全生命周期的通信费用和维护成本为 720 万元。动力蓄电池损耗主要来自于其本身的衰减。假设动力蓄电池系统价格为 1000 元/kW·h、磷酸铁锂蓄电池循环寿命为

2000 次，则 V2G 模式下动力蓄电池折旧单价为 0.5 元/kW·h，并以此折旧单价作为单次充放电的损耗成本估算值。假设单次放电深度为 30%，即放电电量占动力蓄电池容量的比例约 30%。假设一年中有 90% 的天数参与 V2G，则单车每年参与 V2G 的天数为 365 天×90% = 328.5 天，折算成循环次数为 65.7（328.5/(1/0.2)）~98.55（328.5/(1/0.3)）个，单车的年动力蓄电池损耗成本 = 循环次数×动力蓄电池容量×动力蓄电池折旧单价 = 1314 万元 ~ 1971 万元。

因此，V2G 模式下全生命周期最低成本 = 1000 + 400 + 720 + 1314 = 3434 万元。由于以上计算过程假设较多，可能存在不合理之处，故预估 V2G 模式下全生命周期成本超过 3200 万元。

从以上分析可以看出，V2G 试点项目较智能有序充电成本增加约 4 倍，V2G 带来的电动汽车动力蓄电池损耗和 V2G 充电桩是成本激增的主要原因。因此，V2G 模式下参与电力辅助交易的电量是智能有序充电模式下的数倍，从而导致电网需要支付更多的电力辅助费，加大财政补贴压力。同时，在电网调峰需求有限且调峰能力充足的情况下，若 V2G 进一步增加调峰资源，则可能导致 V2G 参与调峰的频率降低以及中标量和中标价格下降。

二、构建车网互动能力体系建设

（一）电网调度能力

1. 车网协同运行机制

以电动汽车参与需求响应为例，各个区域根据负荷结构特征或者能源产业布局规划，对响应资源的挖掘侧重不同，以陕西、山西、浙江等为代表的地区已开启电动汽车参与需求响应，并发布了相关规则。比如天津（图 7-3）从参与条件、补贴标准、实施流程、基线负荷等方面制定了电力需求侧管理办法。

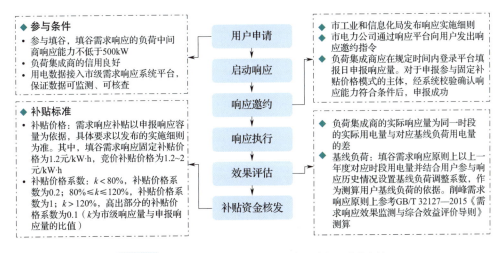

图7-3 电动汽车参与需求响应的流程（以天津为例）

由于各地区负荷特性差异性以及产业布局不同，电动汽车参与需求响应在准入门槛、响应类型、补贴门槛以及补贴标准等方面的规则不尽相同（表7-2），天津、陕西、浙江、山西、广东、山东、福建（福州）以及华北地区对参与用户做了明确的响应容量要求，浙江还提出了响应时间不小于30min的时间限制。整体来看，各地区的响应类型主要集中在调峰，补贴门槛为单次实际响应量不低于申报容量的50%。但由于各地区电力市场规则的差异性，电动汽车参与需求响应的补贴标准呈现明显差异。

电动汽车参与需求响应需要众多技术作为支撑（图7-4）：储能技术可以解耦能量的生产和消耗，在需求响应中用户侧的电、热、冷系统的耦合程度很高。储能技术的支撑尤为重要；负荷聚合技术可以将中小用户的需求响应资源聚合起来参与多能需求响应；电动汽车参与需求响应下的信息与通信技术能够支撑交易及结算过程；电力计量技术可以准确计量采集和存储需求响应技术下的用户数据；智能控制技术可以实现需求响应技术下的能源协调控制；自动需求响应技术可以完全不依赖人工操作，靠信号触发需求响应实施程序自动调度负荷等。

表7-2 不同省市电动汽车参与需求响应的规则对比

对比项	天津	陕西	浙江	广东	山东	福建（福州）	山西	华北
准入门槛	响应能力≥500kW	响应能力≥2000kW	响应能力≥1000kW，响应时间≥30min	注册资金500万元，响应能力≥2000kW	削峰能力≥400kW，填谷能力≥200kW	容量≥315kV·A	容量≥100MW，响应容量≥10MW	调节电力≥10MW，调节电力≥30MW·h
响应类型	削峰+填谷	削峰	削峰+填谷	削峰+填谷	削峰+填谷	削峰+填谷	调峰	调峰
补贴门槛	对于连续多日开展需求响应，首个有效响应日实际响应量低于日申报响应量50%的，则此次需求响应补贴按0计算	单次实际响应量低于申报响应量80%的不享受补偿	当实际负荷响应率低于50%时，响应无效，不予补贴	负荷聚合商实际响应量低于响应邀量的50%时，视为未执行响应指令	低于中标量80%的，不享受电能量补偿费用。低于中标容量20%的，视为未执行响应指令	响应时段最大负荷高于基线最大负荷或响应时段平均负荷高于基线负荷平均值，且其差值大于协议高于基线负荷的50%的，响应无效。实际响应容量占单次申报响应容量的比例<50%的，不予补贴	负荷聚合商实际响应量低于其申报的响应量的70%时，视为无效响应	第三方独立主体未按时申报价格，按照申报价格为0元/MW·h参与调峰市场出清

| 补贴标准 | 填谷固定价格1.2元/kW·h；竞价1.2～2元/kW·h 削峰以实际细则为主 | 时间≤120min，为5～25元/kW·h次，时间＞120min，为8～35元/kW·h次 | 日前削峰：4元/kW·h；竞价出清 小时/分钟/秒级：年度4元/kW·h电量补贴+0～0.25元/kW·h/0～0.1元/kW·h月容量补贴 填谷：年度电量补贴+5元/kW容量补贴日 | 削峰：0～5元/kW·h 填谷：0～2元/kW·h | 需求响应月容量补偿价格≤2元/kW；削峰需求响应能量补偿费用：实际有效响应电量按照固定电价格结算；填谷需求响应能量补偿费用：0.4～0.8元/kW·h | 用户实际响应量占协议量的比例为50%～80%，补贴价格1.2元/kW·h；用户实际响应量占协议比例＞80%的，补贴价格2元/kW·h | 由负荷聚合商聚合负荷运营商在批发市场中采用"月度挂牌预出清价格、日前确定弃限电需求与计量需求响应效果、互动电量日清月结"的方式，开展需求侧响应交易与执行 | 第三方独立主体申报价格上限为600元/MW·h |

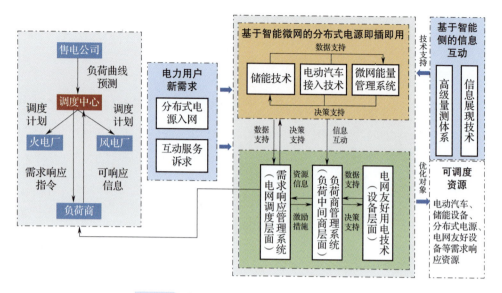

图 7-4 电动汽车参与需求响应所需技术支持

2. 电网调度能力

现阶段车网协同需众多技术做支撑，包括电力调度技术、计量技术、信息和通信技术以及智能控制技术。第一，在电力调度技术方面，调控模型、平台计算能力、通信协议问题导致调控精度较低，且用户难以获取调节信息。第二，在电力领域，电力计量技术采集存储并分析用户端数据，采集数据的及时性、有效性和传输数据的快速性、可靠性关系到需求响应结果认定的精确度。目前智能电表最普遍采用的是自动远程抄表、双向计费的功能。但如何对双向流动的能量进行合理的计量，如何对电动汽车提供的电网服务进行结算，也是需要解决的问题。第三，随着分布式可再生能源以及储能、电动汽车等分布式能源的发展，传统的单一的通信方式不能满足智能用电可靠性与传输能力的要求，需要多元化的通信方式作为补充，以适应分散的多元能源系统结构。第四，充电基础设施互联互通水平有待加强，不同的通信接口和协议阻碍了电网的统一协调调度。第五，电动汽车参与需求响应需要进行智能控制，智能控制技术是指在无人为干涉情况下，具有一定的自主驱动实现目标控制的技术，是控制理论的高级发展阶段。目前智能控制技术在能源管理系统、电网友好型设备等方面应用广泛。但电动汽车充电行为随机性较大，对大规模电动汽车充电负荷进行准确控制和判断难度较大。

车网协同实时调度主要包括调控模型、通信协议以及平台的数据存储和计算能力三方面关键问题。如图 7-5 所示，实时功率调控主要步骤是：首先由电网将调节值指令调度下发给充电运营商的负荷聚合平台，然后由负荷聚合平台将指令进行分解，再下发给充电桩运营平台，由充电桩运营平台执行功率调控，最后充电桩运营平台再将执行的结果反馈给负荷聚合平台，同时把结果反馈给调度中心。但是，在国家电网实际调度过程中，调度的精准度较差，一方面是充电桩的实际功率可调模型维护不准确；另一方面由于汽车的充电行为随机性大，影响了调度准确度。为了提高调度精度，需要协同好平台间技术规范，明确调节速率、调节精度、可调容量等；此外，还需要优化通信协议，满足功率控制功能、可调节模型参数配置等。最后，平台侧的数据存储和计算能力也是影响调度技术的重要因素，需要从数据的写入、查询能力着手，提升平台的技术能力。

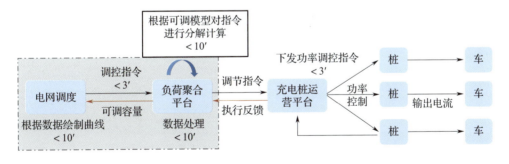

图 7-5 车网协同实时调度流程

车网协同应用涉及分享配电网负荷信息，可能威胁配电网的安全稳定运营。解决该问题通常有两种举措：一是通过立法或出台数据共享标准等方式，允许脱敏后的配电网负荷信息（如用电负荷的上限等）与负荷中间商共享。例如，欧盟能源监管委员会要求，配电网运营商在不威胁配电网安全的条件下分享脱敏后的配电网运行数据,以支持智能电网应用的开发。二是有条件的充电运营商,也可直接读取本地配变台区的数据。目前,国内电网的通信组网服务主体仍为大型电厂与工业用户,缺乏面向用户侧分布式资源的实时监测、调度连接与计量结算。而目前大型电厂或用户的通信组网方式投入成本过高,如江苏以光纤专用通道将大型用户接入到电网智能调度系统中,提供秒级、毫秒级两套独立通信通道,支持需求响应、调频等电网侧服务。这种高投入的专用光纤组网方式,不适于包括充电桩(站)在内的大量、分散的小型用户侧资源。随着电力市场改革的推进、市场参与者主体的多元化,有必要考虑4G、5G等低成本的通信通道与计量结算方式,以便大量用户侧资源参与电力市场。例如,国内部分区域电力辅助服务市场正试点通过4G公网,由负荷中间商代理电动汽车参与交易。

(二)车型开发

目前我国部分乘用车企业已经开发了V2G车型,采用直流充电技术,依据GB/T 27930—2015《电动汽车非车载传导式充电机与电池管理系统之间的通信协议》开发。车型开发规划(图7-6)需要综合考虑电网端、桩端、车端以及负载端,在技术选择上有交流和直流两种方案(表7-3)。

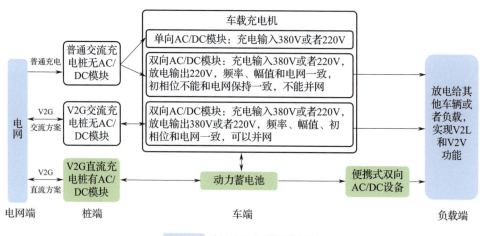

图7-6 某V2G车型开发规划

注:资料来源于长城汽车。

表 7-3 车型开发方案对比

项目	优点	缺点	国外情况
交流方案	站在 V2G 产业链角度，如果每台 V2G 车都配套一台 V2G 桩，交流方案成本低于直流方案	1）国内车载充电机和充电桩没有通信协议不便于控制 2）慢充直流化趋势，车端可能取消车载充电机 3）产业链配套方面，目前无相关产业链公司开发 V2G 车载充电机和 V2G 交流充电桩	国外大多数试点采用直流方案
直流方案	1）动力蓄电池和充电桩存在通信协议便于控制 2）整车硬件不需要变动，只需软件变动	实现 V2L 和 V2V 功能，需要使用便携式双向 AC/DC 设备或者使用车载充电机（双向 AC/DC 模块）	

注：资料来源于长城汽车。

V2G 模式下对动力蓄电池循环寿命要求更高，整车企业也在探索车电分离模式下的实现路径。虽然动力蓄电池技术经济指标提升很快，但 V2G 模式下动力蓄电池仍是制约瓶颈。车主对动力蓄电池损耗比较担忧，同时也增加了整车企业的质保成本。车电分离模式下，动力蓄电池不属于用户，属于持有动力蓄电池的资产方，能抵消消费者对于放电带来的动力蓄电池寿命影响的担忧。不过在目前我国车辆公告、税务等政策管理下，非换电车型难以剥离动力蓄电池资产。放电策略主要围绕放电倍率、环境温度、放电深度使用区间等方面做优化。

（三）充电设施改造与新建

国家电网和南方电网作为我国电网主体，积极探索车网协同前景。国网电动在有序充电方面，已完成无感有序充电技术的研发和交流有序充电桩的研制、制定有序充电的标准规范；在 V2G 方面，已完成 V2G 应用平台及小功率 V2G 直流充电桩的开发，并与国内主机厂联合开展了 V2G 功能定制车的研发。截至

2021年9月，国家电网已在北京、上海等18个省市建设超过12万个有序充电桩，覆盖1万多个居民社区，服务车主15万名，转移高峰电量432万kW·h；国家电网华北分部在国内首次将V2G充电桩资源纳入华北电力调峰辅助服务市场并正式结算。南方电网自2017年开始进行有序充电试点，截至2021年3月，已投资50个充电站，改造约500台充电设施。

早期，单向有序充电主要通过分时电价政策[15]鼓励新能源汽车用户谷时充电。但单纯基于峰谷电价机制的有序充电虽然在一定程度上能够转移并降低充电负荷峰值，但"削峰填谷"的效果有限，还可能在深夜电价谷时的开始时刻，形成另一个充电负荷峰值[16]。因此，单向有序充电由分时电价逐渐发展为智能有序充电。我国有序充电技术相对成熟，已进入大规模示范应用阶段。

目前电动汽车V2G功能还不能直接接入电网对电网放电，示范多处于向楼宇、工业园区放电阶段。我国已研制并投入运营7kW、15kW、60kW直流充放电桩。相比智能有序充电桩，V2G充放电桩主要是增加了双向功率模块，双向功率模块成本增量为100元/kW。

（四）车网协同通信协议

从全球范围看，主流的车桩间（充电）连接接口是CCS、CHAdeMO 2.0、GB/T 20234.3—2015《电动汽车传导充电用连接装置 第3部分：直流充电接口》，通信协议是IEC 61851、欧洲ISO 15118-2、德国DIN 70121、GB/T 27930—2015《电动汽车非车载传导式充电机与电池管理系统之间的通信协议》；桩与运营平台间开放的通信协议OCPP1.6，是基于WebSocket方式（前后端数据交换）及JSON（JavaScript Object Notation）数据格式。现阶段电网与车桩、车桩与车之间主要是单向的能量传输，除了CHAdeMO 2.0对V2G有协议支持，其他协议对V2G的支持正在制定中。车网协同通信协议应用的具体场景如图7-7所示。

第七章 发挥新模式的推动作用

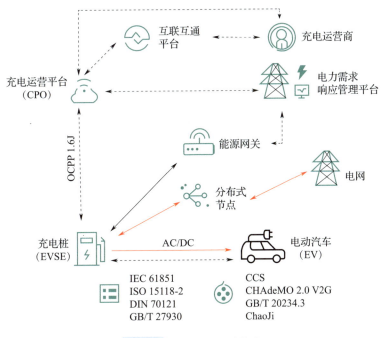

图 7-7 车网协同通信协议

车桩间的通信协议：现行的国标充电接口版本是 2015 版本，标准化委员会正在推进整个接口的演进，既有 ChaoJi 制定，又有 GB/T 27930 新版本修订。从全球主流标准来看，都存在缺口，并都把这些缺口作为弥补、升级的方向（表 7-4）。全球车桩通信标准都在朝着 V2G 架构进行演进，为车桩与电力需求平台间的更高层级通信创造了底层协议上的支持。

表 7-4 车桩通信：通信协议以及缺口

国家或组织	通信协议	缺口	演进方向
中国	GB/T 27930—2015	加强充电安全 提升充电功率	ChaoJi GB/T 27930 修订
美国	SAE J1772	即插即充 V2X（含 V2G） 无线充电 加强信息安全 动态功率调节 多立约凭证	—
欧盟	DIN 70121 IEC/ISO 15118-2		ISO 15118-20
日本	CHAdeMO		ChaoJi

121

车桩与电力需求响应平台的通信：以中国、美国和德国为例（表7-5），中国2018年发布DL/T 1867，这是电网需求响应平台与设备、聚合平台之间的通信规约与通信协议，主要描述聚合平台与需求响应平台的云对云的通信协议，通信安全上采取了比较通用的TLS（Transport Layer Security，即传输层安全性协议）加密，并且数据传输要符合T/CEC 208—2019《电动汽车充电设施信息安全技术规范》的数据安全要求。DL/T 1867—2018《电力需求响应信息交换规范》设计过程参考了OpenADR 2.0，而数据格式上采用了更加轻量化、对开发更友好的数据格式JSON。我国的应用主要是在桩企平台/聚合平台与电网平台之间的互联互通；美国2000年开始推进需求响应平台、设备、分布式能源管理侧的通信协议。目前已经演进到了2.0b版本，数据安全上是通过OpenADR ALINES去发布整个安全通信规约的指导，并且采用了公钥基础设施（Public Key Infrastructure，PKI）体系，签发机构保证了所有的充电设备，在车辆识别号码（Vehicle Identification Number，VIN）与服务器间的通信规约，连接与数据传输都能在这套PKI的管控下进行双向数据加密。数据格式采用通用的XML语言，相对JSON冗余；德国大型整车企业、能源协会主导总线的起草与制定，通过德国信息安全局（BSI）发布整套的公私钥管理机制，从充电桩、能源网关、能源管理平台的协议进行安全把控，兼容了2种数据格式。

表7-5　车桩与电力需求响应平台主要代表

国家	通信规约	通信安全	数据格式	连接架构
中国	DL/T 1867—2018	T/CEC 208—2019 TLS	JSON	桩企平台/聚合平台连接电网需求响应管理平台
美国	OpenADR 2.0b	OAA PKI TLS	XML	充电设备连接电网需求响应平台
德国	EEBUS	BSI PKI TLS	XML/JSON	充电设备连接智能电表网关

三种架构对于电力需求响应平台的部署与桩企的配合，最轻量化、部署速度快、普及难度低、门槛低的就是平台与平台之间的通信，即中国的 DL/T 1867。美国的架构更强调电网与子管理系统之间的通信，即设备（节点）到平台的通信；德国更倾向于推进短信网关（Short Message Gateway，SMGW）统一采集充电设备、分布式能源系统信息，再传输到更高级的电网需求响应平台。

第二节　碳资产模式

新能源汽车出行和使用阶段的碳资产价值增长空间巨大。目前我国纯电动乘用车行驶阶段碳排放量约为 0.7t/万 km，相比燃油汽车下降约 60%；以年行驶里程 1.2 万 km 为基准，按照 T/CAS 536—2021《新能源汽车替代出行的温室气体减排量评估技术规范》计算，则纯电动乘用车单车年减排量约 1.3t。2021 年国内新能源乘用车保有量 685 万辆，则年总计减碳量将达到 890 万 t，以 40 元/t 的碳市场价格估计，2021 年新能源乘用车行驶阶段碳减排量的经济价值超过 3 亿元。未来随着绿电比例加大，电动汽车排放还将大幅降低，到 2060 年，预计纯电动汽车碳排放下降到 0.2t/万 km。

加强新能源汽车与绿电的互动，是发挥新能源汽车使用端碳资产价值的重要举措。2022 年 1 月，国家发展和改革委员会等七部委联合印发《促进绿色消费实施方案》，提出要进一步激发全社会绿色电力消费潜力；统筹推动绿色电力交易、绿证交易；加强与碳排放权交易的衔接，研究在排放量核算中将绿色电力相关碳排放量予以扣减的可行性；持续推动智能光伏创新发展，大力推广建筑光伏应用等内容。该文件的印发，为新能源汽车主动作为，积极响应国家对于促进绿电、绿证交易的部署及安排提供了政策驱动力，电动汽车企业及相关运营方将主动配合电网企业分摊完成可再生能源消纳责任权重，并协助提升车主消费绿电的意愿和动力，助推形成全民购买绿电的绿色消费风气。

参与绿电（绿证）交易、参与碳市场交易等方式，是新能源汽车使用端碳资产开发和应用探索的重要商业模式。

一、绿电（绿证）交易

绿电交易的本质是打通清洁能源供给侧与用户需求侧的直接交易机制。《促进绿色消费实施方案》提出"建立绿色电力交易与可再生能源消纳责任权重挂钩机制，市场化用户通过购买绿色电力或绿证完成可再生能源消纳责任权重""加快提升居民绿色电力消费占比"，为引导新能源汽车车主参与绿电交易提供了政策基础。通过促进绿电（绿证）消费提高可再生能源消纳，反过来也将进一步降低交通运输领域碳排放，并通过电—碳市场联动，为车网协同提供新的发展机遇，最终共同推动实现碳中和目标。

按照 2030 年中国电动汽车保有量 1 亿辆估算，年用电量将达到 258TW·h，假设通过车网协同绿电交易占比达到 40%，则通过绿电交易实现的减排量将达到 1.3 亿 t。

推进具体工作的过程中，建议可采用以下策略：

1）打包参与绿电交易，降低购买成本。随着全国统一电力市场建设步伐加快，新型交通能源基础设施可在省内中长期、省间中长期、省内现货和省间现货等市场购买绿电，但参与直接交易均存在一定的门槛，基础设施可以打捆，由同一主体代理，参与到绿电交易市场中。同时，由于新能源电力具有很强的随机波动性，各时段价格也会有较大差异，基础设施通过打包，提升购电、用电自主调节能力，可更好地匹配新能源发电曲线，用更低的价格购买绿电，同时以价格为导向，引导新能源汽车充放电行为，为电网提供调节性服务，促进新能源消纳和电网用电安全。

2）强化绿电溯源，支持定向消纳绿电。利用绿电市场机制引导车主充电行为，并支持车主定向消纳绿电，车主在购买绿电时，可根据价差及个人喜好，自主选择绿电送端城市，对绿电进行定向消纳，通过定向消纳机制实现大规模充电负荷引导，提升电网的运行效率和新能源消纳能力，并引导车主低谷多充电、高峰少充电，通过相对低成本的组合充电策略，降低充电成本，匹配新能源发电曲线的目标。

3）利用区块链技术，提高车主购买绿电便利性。交通能源基础设施运营商可基于区块链技术形成绿电消纳联盟链，并实现联盟链与碳普惠平台等第三方应用程序（App）互联，车主可利用 App 完成绿电交易的登记、出清、报价、撮合、合同签订、登记、结算等应用场景环节；同时，App 将提供绿电定向购买等个性化服务，还可考虑推出 App 购绿电折扣等活动，进一步激发消费者购买绿电意愿。车主通过手机 App 完成绿电购买全流程后，将获得绿电消费证明或二维码，凭消费证明或二维码即可于绿电充电桩或充电站完成充电。

4）加强电—碳联动，进一步激励车主购买绿电。将联盟链数据接口与碳普惠平台连接后，还将进一步打通绿电消费行为转换及碳普惠机制返还双向通道。车主可授权碳普惠平台自动定时调取联盟链的绿电消费记录权限，车主通过 App 购买、消费绿电后，绿电消费记录将自动传输至碳普惠平台，平台根据内置算法将绿电购买量转化减排碳资产量，形成相应的碳普惠权益。在碳普惠权益分配上，可设置权益返还双重通道，一部分权益将根据购电量，直接返还给购买绿电的车主，另一部分可用于补贴 App 购买绿电电价打折活动，折扣部分电价可由碳减排收益进行补充，通过多种收益+优惠组合的模式，持续激发车主购买绿电的兴趣和动力。新型交通能源基础设施电—碳联动模式如图 7-8 所示。

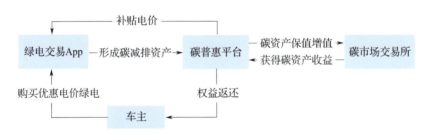

图 7-8　新型交通能源基础设施电—碳联动模式

注：由中国电动汽车百人会整理。

绿电在线购买、定向消纳、优惠电价以及电—碳普惠权益返还等方式，不仅能提升车主购买绿电的获得感，提高车主购买绿电的便利性，通过机制创新激发车主消费绿电的兴趣，还可将绿电消纳与乡村振兴等重大战略进行有效衔接，满足两端城市差异化发展需求。送端城市将新能源优势转化为经济优势，实现资源价值转化和变现,受端城市则通过加大绿电利用比例,加速推动能源清洁化转型,以实现绿色低碳的发展目标。

二、参与碳排放权交易

我国有两个全国性的温室气体排放交易市场:全国碳排放权交易市场,以及全国温室气体自愿减排市场(CCER 市场)。

1. 全国碳排放权交易市场

全国碳排放权交易市场(以下简称全国碳市场)于 2021 年 7 月开启,纳入发电行业重点排放单位 2162 家,覆盖约 45 亿 t 二氧化碳排放量,是全球规模最大的碳市场。目前主要是企业之间以碳排放配额为标的进行交易,政府给企业分配免费配额,未来或将逐渐转变为以免费获取 + 拍卖或固定价格购买的方式。截至 2021 年 12 月 31 日,全国碳市场第一个履约周期顺利收官,累计运行 114 个交易日,碳排放配额累计成交量 1.79 亿 t,累计成交额 76.61 亿元。按履约量计,履约完成率超过 99.5%。总体来看,全国碳市场基本框架初步建立,价格发现机制作用初步显现。全国碳市场覆盖重点排放单位分布如图 7-9 所示。

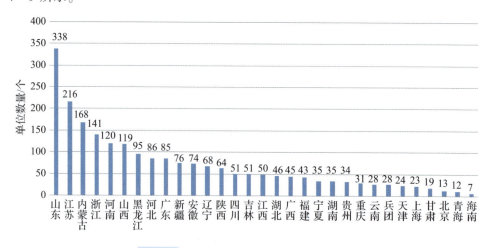

图 7-9 全国碳市场覆盖重点排放单位分布

注:数据来源于生态环境部,由中国电动汽车百人会整理。

2. CCER 市场

中国核证自愿减排量（CCER），是指根据《温室气体自愿减排交易管理暂行办法》规定，经其备案并在国家注册登记系统中登记的温室气体自愿减排量。CCER 可以由承担强制减排任务的企业购买用来抵消其减排义务，也可以在金融市场上进行抵押、转让和开发衍生品。截至 2021 年 4 月，国家发展和改革委员会公示的 CCER 审定项目累计 2871 个、备案项目 861 个，进行减排量备案的项目 254 个。截至 2021 年 3 月，全国 CCER 市场的累计交易量为 2.8 亿 t，CCER 的价格在 20～30 元/t 波动。全国碳市场启动后，把 CCER 纳入了全国碳市场，企业可以使用 CCER 抵销碳排放配额的清缴，比例不超过自身应清缴配额的 5%。据北京环境交易所预测，重启后 CCER 市场将具有巨大的发展空间，未来全国碳市场扩容至八大控制排放行业后，按照 5% 的 CCER 碳排放配额抵销比例，CCER 需求将达到 3.5 亿～4 亿 t/年，依照 2021 年 CCER 价格，将形成近 200 亿元的交易市场。

全国 CCER 市场和全国碳市场进一步融合后，更有效率地推动全社会减排，助力国家双碳目标实现。

> **延伸阅读 1**
>
> **CCER 减排资产开发潜力**
>
> 充电桩、加氢站、光伏及储能设施等新型交通能源基础设施均可能成为生产 CCER 的最佳"绿色生产线"，创造出较大的绿色减排效应及绿色资产价值。
>
> 新型交通能源基础设施作为非控制排放行业，参与碳交易的最直接方式为参与 CCER 交易。建设新型交通能源基础设施项目不仅可以为交通运输行业提供清洁能源，而且项目开发的碳减排资产通过 CCER 交易获利后，也将为建设运营方创造额外收益。
>
> 以充电桩为例，自愿减排方法学编号 CM-098-V01《电动汽车充电站及充电桩温室气体减排方法学》用于燃料替代类型方法学，适用于用充电站、充电桩充电的电动车辆替代常规燃油车辆运行带来的减排量计算。由于电动汽车的高效率和低碳化逐步提升，用电能替代汽油可实现 1/2 左右的减排量。
>
> 分布式光伏发电采用自愿减排方法学编号 CM-001-V02《可再生能源并网发电方法学》

计算减排量。北京市装机容量为 20kW 的分布式光伏电站，根据分布式光伏发电量常用的简化计算公式：

$$L = W \times H \times \eta$$

其中，L 为年发电量，单位为 $kW \cdot h$；W 为装机容量，单位为 kW；H 为年峰值利用小时数，单位为 h；η 为光伏电站的系统效率；$H \times \eta$ 为年等效利用小时数。

按照 10 年衰减 10%、25 年衰减 20% 计算，在 25 年的运营期内，预计产生的总发电量为 540.47MW·h，预计产生的总减排量为 446.9t。

依据 2021 年 CCER 交易旺季价格计算，预计可产生减排收益 17876 元；对于单体容量小、点多面广的分布式光伏而言，宜将多个分布式光伏形成的碳减排资产打包后整体在 CCER 市场进行出售，预计北京市交通系统分布式光伏电站产生的整体碳减排资产收益将超过千万元。

三、设计基于新能源汽车使用端的碳普惠机制

新能源汽车的减排量由新型交通能源基础设施与新能源汽车共同产生，但由于新能源汽车具有较强的用户端属性，其产生的减排量很大程度取决于车主行为，使新能源汽车的减排具有较强的普惠属性。

建立相对应的碳普惠机制是碳市场等强制减排行动之外的重要补充，是实现绿色低碳发展的有效手段之一，利用"互联网+大数据+碳金融"的方式，把低碳行为进行具体量化并赋予一定价值，例如鼓励使用者通过绿色行为产生减排量，经过在 CCER 市场进行保值增值后，以现金、优惠券、积分等方式将普惠权益返还给消费者，增强消费者绿色消费动力。通过碳普惠的方式，将减碳行为与商业激励、政策激励、公益激励和交易激励相结合，能够调动公众积极加入全民减排行动，形成全民绿色消费的良好风气。

在碳普惠机制相关政策文件方面，我国已有多个地区发布了与交通减碳相关的碳普惠方法学，见表 7-6。其中，深圳和广东已经正式公布了部分低碳出行领域的个人碳普惠方法学，社会组织和企业可根据方法学进行碳普惠机制的开发和运行；上海则是提出了建设方案征求意见稿，从政策层面明确了建设交

通领域个人碳普惠体系是未来政策支持和发展的重点，将根据"先易后难、逐步扩大"的原则，将个人衣、食、住、行、用等生活中有效的低碳行为逐步开发为标准化的个人减排场景。

表 7-6 我国部分地区已颁布碳普惠文件

年份	区域	政策名称
2019 年	广东	《广东省自行车骑行碳普惠方法学》
2021 年	深圳	《深圳市低碳公共出行碳普惠方法学（试行）》
2022 年	上海	《上海市碳普惠体系建设工作方案》

注：由中国电动汽车百人会整理。

在碳普惠机制创新应用方面，北京走在前列。2019 年 11 月 4 日，北京市交通委员会与高德地图共同发布国内首个落地实施一体化出行平台应用试点——北京交通绿色出行一体化服务平台（MaaS），并创新提出基于 MaaS 平台的绿色出行碳普惠机制。在高德和百度地图开辟绿色出行平台，收集市民绿色出行产生的碳减排量，再通过与北京绿色交易所合作，通过碳交易市场转化为个体激励，建立基于市场机制的绿色出行可持续激励模式，鼓励和引导市民绿色出行。

MaaS 自 2020 年 9 月 8 日上线以来，截至 2021 年 3 月，半年累计碳减排量已经达到 23800t，根据中国碳核算数据库（CEADs）数据，北京 2019 年全年碳排放量约为 8650 万 t，碳普惠机制半年碳减排量约占北京市 2019 年全年碳排放的 0.3%，相当于 20000 辆国四车排放标准汽车更换为新能源汽车一年的减排量。按照 2021 年 CCER 价格计算，产生的减排量价值大约为 95.2 万元。

从满足车主的出行需求和习惯、建立可持续的权益返还制度、利用不同形式的优惠方式组合嵌套、加强与已有绿色出行平台联动等方面出发，打通车主绿色行为与碳减排资产收益转化通道。在机制设计方面，车主开启个人碳账户后，当完成加氢或购买绿电等绿色消费行为后，经绿色消费行为形成的碳减排资产将通过参与 CCER 交易和碳金融形成一定的收益，部分收益将以碳积分、现金或优惠券等形式通过碳普惠平台返还至个人碳账户，另一部分收益将用于碳普惠平台运营或新型交通能源基础设施建设。

碳普惠机制的设计，将有助于营造新能源汽车绿色消费与使用的健康环境。一是利用碳普惠权益返还机制，提升车主购买新能源汽车的意愿，促进新能源汽车产业发展。二是促进绿电消费，实现推动可再生能源消纳和降低碳排放的双重目标。三是碳资产形成的收益还可补贴交通能源基础设施的建设及运营成本，激励政府和社会资本加大对充电桩、加氢站等新型交通能源基础设施的投资。四是通过创新机制设计，形成交通领域低碳工作亮点，打造可为其他行业及领域借鉴和参考的样板。

第三节　动力蓄电池资产运营模式

一、管理好动力蓄电池资产，提升周期价值

（一）动力蓄电池资产涉及环节众多

研发生产、车端使用、回收利用是动力蓄电池全生命周期的三个主要环节（图 7-10）。在研发生产阶段，原材料企业、动力蓄电池企业、整车企业等产业链上下游参与主体，通过在设计研发、生产制造、整车匹配等环节的技术创新，降低动力蓄电池生产成本、提高产品性能；在车端使用阶段，通过动力蓄电池管理系统对动力蓄电池运行、充电等数据进行收集、处理、监测，以保证动力蓄电池安全，提高使用寿命，优化用户使用体验；在回收利用阶段，退役动力蓄电池经过收集、贮存、检测、拆解等处理步骤，将合格动力蓄电池进行梯次利用，不合格动力蓄电池以及梯次利用完毕的动力蓄电池进行再生利用，充分挖掘动力蓄电池后车载端的使用价值。

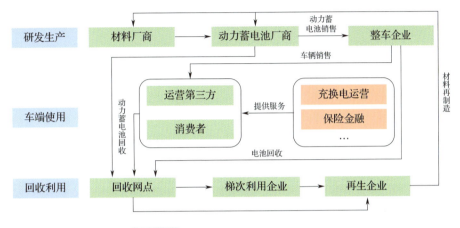

图 7-10 动力蓄电池全生命周期示意图

注：中国电动汽车百人会. 动力蓄电池全生命周期资产运营管理研究［R/OL］.（2020-12）
［2022-11-23］. https://www.doc88.com/p-37039029125860.html.

（二）高效充分运营动力蓄电池资产

回收利用环节与研发生产、车端使用环节协同发展能够提高回收利用效率。车载端退役后的动力蓄电池通常拥有较高的剩余电量，回收利用能够充分发挥动力蓄电池的全生命周期价值，根据测算，2025 年，我国动力蓄电池回收市场规模将达到 153.2 亿元，其中梯次利用市场规模为 20.5 亿元，再生利用市场规模为 132.7 亿元（图 7-11）。若在动力蓄电池研发生产和车端使用数据产品设计环节便考虑回收利用的关键需求，利用标准化动力蓄电池、数据共享等手段，则能够降低梯次利用成本、提高再生利用动力蓄电池回收率，回收利用潜在市场规模将进一步扩大。

研发生产环节与车端使用、回收利用环节协同发展能够促进新商业模式的探索。降低动力蓄电池成本是目前产业链企业重点关注的目标，主要采用技术创新、工艺改良、规模化生产等方法，如特斯拉在 2020 年 9 月举办的"电池日"上发布，计划在未来 5 年内，通过正/负极材料创新、电芯设计创新、规模化/高速自动化生产、电芯车身整合等手段，实现动力蓄电池成本下降 56%。若考虑动力蓄电池的车载使用场景，设计动力蓄电池和车辆产权分离的商业模

图7-11 2022—2025年我国动力蓄电池回收市场规模预测

注：中国电动汽车百人会．动力蓄电池全生命周期资产运营管理研究［R/OL］．(2020-12)［2022-11-23］．https://www.doc88.com/p-37039029125860.html.

式，将动力蓄电池全生命周期管理交由第三方资产运营，一是能够促进研发生产阶段动力蓄电池标准化发展、降低动力蓄电池生产成本；二是能够降低消费者车辆购置初始成本；三是动力蓄电池产权归属第三方企业，更有利于对动力蓄电池的回收管理、减少退役动力蓄电池流入非正规渠道（图7-12）。

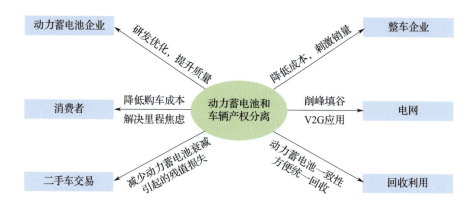

图7-12 动力蓄电池和车辆产权分离模式示意图

注：中国电动汽车百人会．动力蓄电池全生命周期资产运营管理研究［R/OL］．(2020-12)［2022-11-23］．https://www.doc88.com/p-37039029125860.html.

对动力蓄电池全生命周期的有效管理能够提升产品应用体验、减少环境污染。通过未来更加完善的动力蓄电池全生命周期管理系统，能够实时监测动力蓄电池健康状态、提醒用户定期进行动力蓄电池维护、对动力蓄电池安全进行预警等；能够对动力蓄电池进行溯源管理，保障动力蓄电池进入正规回收渠道，降低报废动力蓄电池对环境的污染。

二、技术和模式创新助力动力蓄电池资产管理

在动力蓄电池研发生产、车端使用、回收利用等主要环节进行技术和模式创新方面的探索，能够加强各环节协同发展的力度，提高动力蓄电池全生命周期资产运营管理效率。

（一）研发生产环节创新模式是基础

动力蓄电池管理系统（BMS）是动力蓄电池的管家，是动力蓄电池性能、寿命和价值实现的重要保障。BMS 能够监测动力蓄电池状态，进行评估决策，确保动力蓄电池可靠运行并延长使用寿命（图 7-13）。随着无线 BMS 的推广应用以及动力蓄电池健康状态（State of Health，SOH）等关键参数算法的发展，能够充分挖掘动力蓄电池在车端的使用价值。

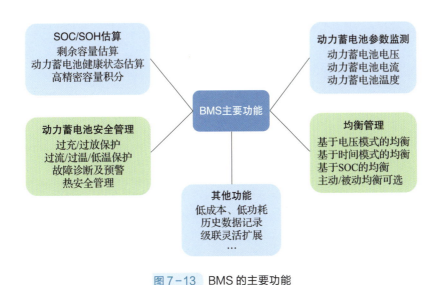

图 7-13　BMS 的主要功能

注：高压电池系统 BMS 浅析 专题一［EB/OL］．（2022-09-05）［2022-11-23］．
https://baijiahao.baidu.com/s?id=1743090516458749622&wfr=spider&for=pc.

动力蓄电池标准化有利于全产业链降本，并为新商业模式的探索提供有利条件。动力蓄电池标准化能够促使动力蓄电池企业更专注于产品研发升级、充分发挥规模化生产优势；与整车企业车型平台化发展趋势更加匹配；能够为换电模式提供推广基础；能够提高回收利用效率。通过动力蓄电池标准化发展，能够综合降低全产业链成本。

（二）车端使用环节创新模式是重点

换电模式能够降低消费者初始购车成本、提高用户体验，更便于对动力蓄电池全生命周期资产进行有效管理（图7-14）。通过完善换电标准、加大政策支持力度、构建全产业链换电生态圈等，能够有效解决用户购车成本高、里程焦虑、残值低等问题，创新"电池银行"等商业模式，挖掘动力蓄电池全生命周期价值。

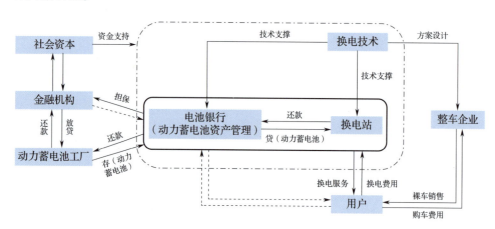

图7-14 动力蓄电池资产管理新业态

注：中国电动汽车百人会. 动力蓄电池全生命周期资产运营管理研究［R/OL］.（2020-12）［2022-11-23］. https://www.doc88.com/p-37039029125860.html.

V2G能够发挥电动汽车移动储能特性，为用户和电网带来经济收益。鼓励开展V2G示范项目，构建更加完善的V2G通信标准和电力市场电价机制，有助于未来电动汽车的大规模推广，降低用户使用成本，充分发挥动力蓄电池价值。

(三)回收利用环节创新模式是补充

回收利用能够充分挖掘动力蓄电池车载端价值,构成动力蓄电池资产管理闭环。退役动力蓄电池通过在低速车、储能、通信备电等场景的梯次利用以及材料再生利用,能够充分体现动力蓄电池全生命周期资产价值最大化。

通过工艺创新和模式创新等手段,提高梯次和再生利用经济性是产业链企业的主要布局方向。对于梯次利用,主要通过退役动力蓄电池整包应用、细分应用场景探索、梯次利用控制技术创新等手段提高经济性;对于再生利用,主要通过工艺技术创新等手段提升退役磷酸铁锂蓄电池的再生经济性,通过加强行业监管等手段解决退役三元锂蓄电池流入非正规回收渠道问题。

(四)行业数据平台是整合

行业数据平台为动力蓄电池全生命周期数据资产监管提供保障。通过数据平台,对动力蓄电池生产、使用、回收等全生命周期各环节进行管理,实现动力蓄电池数据资产的收集、处理、分析、监测,保证数据资产的完整性和可追溯性(图7-15)。

图7-15 动力蓄电池全生命周期数据资产管理

注:中国电动汽车百人会. 动力蓄电池全生命周期资产运营管理研究[R/OL]. (2020-12)[2022-11-23]. https://www.doc88.com/p-37039029125860.html.

实现动力蓄电池的综合评估以及全生命周期各环节的数据应用。通过平台数据的监管分析,能够科学评估动力蓄电池状态,保证动力蓄电池的性能和安全，为梯次利用等场景提供决策依据，也能够为动力蓄电池定价、残值评估、保险金融产品等创造基础条件（图 7-16）。

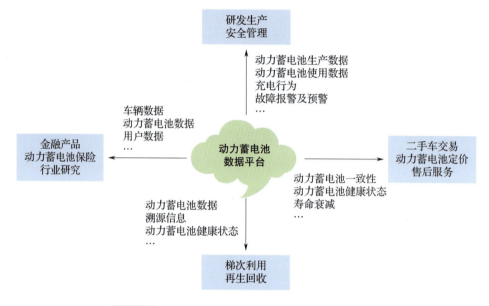

图 7-16 动力蓄电池数据平台在全生命周期中的作用

注：中国电动汽车百人会. 动力蓄电池全生命周期资产运营管理研究［R/OL］.（2020-12）［2022-11-23］. https://www.doc88.com/p-37039029125860.html.

第四节 动力蓄电池智能仓储配送中心

动力蓄电池智能仓储配送中心是实现动力蓄电池全生命周期资产管理和移动能源补给的综合业务中心，是连接各运营主体的枢纽，满足行业多方对动力蓄电池管理的需求。综合仓储配送中心以动力蓄电池作为主要运营对象，采用物联网、大数据、人工智能和传感通信等技术手段，实现对动力蓄电池运输、仓储、配送、信息服务和回收再利用等业务的统一调控，进而达到对各业务主体的综合服务（图 7-17）。动力蓄电池智能仓储配送中心主要依托于自动化装备、智能化业务运营和系统集成技术，具有可视化、可追溯、可集成、智能决策等特点。

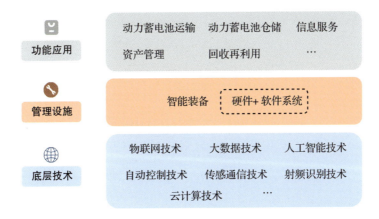

图 7-17　动力蓄电池智能仓储配送中心体系构成

一、建设动力蓄电池智能仓储配送中心已具备基础

当前我国动力蓄电池智慧物流行业处于起步阶段，并将进入快速发展期，上下游产业链基本完备（图 7-18）。其上游主要为与信息技术相关的软硬件产业，包括设备供应商和软件供应商，如仙工智能、未来机器人、蓝芯科技等；中游为智慧物流系统集成商，如今天国际、诺力股份等；下游为应用场景，涵盖动力蓄电池仓储、运输、配送等重要环节企业。

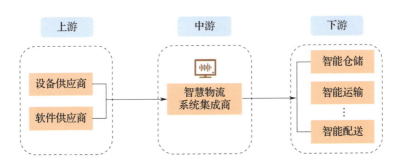

图 7-18　动力蓄电池智能仓储配送中心产业链

智能装备的出现，助力动力蓄电池智能仓储配送中心建设。智能装备通常由软硬件结合构成，动力蓄电池智能仓储配送中心的建设离不开智能装备的支持。当前在动力蓄电池智慧物流的方案设计、设备制造、安装调试、售后服务等方面已有一定的基础，出现自动化立体仓库、无人搬运机器人、自动化物流

软件系统等多款配套装备（图7-19）。其中，自动化仓库系统主要包括货架、堆垛机、多层穿梭车等自动化存储设备；无人搬运机器人主要包括各类搬运机器人及其导航系统和调度系统；自动化与输送分拣系统主要包括各类输送机、分拣机、手持终端拣选和电子标签拣选等；自动化物流软件系统主要包括仓储控制系统（WCS）、仓储管理系统（WMS）、运输管理系统（TMS）以及订单管理系统（OMS）等。智能装备系统集成化应用，有助于动力蓄电池物流各环节实现信息化和智能化，从而大大提高效率和准确性，创造更多业务价值。部分智能装备简介如图7-19所示。

名称	说明	图示
立库货架	钢结构货架是高层货架存储区中存放货物的主要设备，要求有足够的强度、刚度和整体稳定性，尺寸要求精度高，并满足抗震要求	
RGV	有轨穿梭小车（RGV），可用于各类高密度储存方式的仓库，小车通道可设计任意长，在操作时无需叉车驶入巷道，安全性更高，配合小车在巷道中的快速运行，有效提高仓库的运行效率	
AGV	无人搬运小车（AGV），指装备有电磁或光学等自动导引装置，能够沿规定的导引路径行驶，具有安全保护以及各种移载功能的运输车，以可充电的蓄电池为其动力来源	
RFID手持终端	RFID是射频识别。RFID手持终端是一种拥有自动识别和扫描代码功能的数据处理终端，无需与识别物体接触，只需要无线射频就可以识别物体、传递处理信息，并且可以远程读取和高速运动中的物体识别	
TMS	涵盖智能调度、智能装车、路径优化、车辆管理、财务结算等功能模块，帮助企业实现业务流程信息化、运输全程可视化、财务结算智能化等，降低成本、提高效率	

图7-19 部分智能装备简介

注：资料来源于中国电动汽车百人会。

二、构建动力蓄电池智能仓储配送中心面临的问题

1. 建设前期投资高，经营规模制约盈利能力

动力蓄电池智能仓储配送中心建设前期需要投入大量资金购置设备，整体建设周期较长，且完工投产后需要调试以达到匹配状态；同时，后续需要维护修理，相比传统方式增加了额外的成本。此外，用地难、用地贵问题日益突出。此外，由于动力蓄电池产品的特殊性，还需要寻找合适的场地，进一步拉高了成本。企业需要通过规模化经营来分摊前期的高额投入，但目前动力蓄电池智慧物流仍处于发展阶段，许多企业规模较小，资源分散，集约化和规模化程度不够，影响盈利能力，导致智慧物流建设与应用的驱动力不足，无法充分发挥其积极作用。

2. 动力蓄电池及其物流领域的标准体系有待完善

现在各家动力蓄电池企业生产的动力蓄电池尺寸标准并不统一，存在多种规格。动力蓄电池智能仓储配送中心的建设根据动力蓄电池产品不同，会出现部分非标准定制化需求，一定程度上增加了管理成本和管理难度。此外，在数据编码等基础共性标准、数据接口等物流软件标准以及车辆等物流硬件标准等方面尚不健全，影响动力蓄电池智慧物流的协同集约发展。

3. 智能装备的技术水平有待提升

在智能装备领域，部分关键技术和核心零部件存在缺失。如自动导引小车（Automated Guided Vehicle，AGV）主要由驱动系统、控制系统和导引系统三部分组成，其中，驱动控制器、系统以及激光导航传感器等核心部件依旧被国外品牌主导，对我国企业形成一定的牵制。此外，机器人根据不同的应用需求，在选择AGV时要考虑其运载方式、导航方式，并根据货物尺寸、机器人使用频率、运行节拍以及车间使用AGV的密度等来确定产品的功能和性能。目前，大部分企业只解决了机器人单体的问题，系统化的管理模式和相应的智能技术还有待开发。

4. 数据流通存在限制，数据安全需要保障

数据是智慧物流的基础要素，现阶段动力蓄电池物流相关企业的底层数据格式存在不一致的现象，数据有序流动和交换进程缓慢，开发管理能力有限，导致"数据孤岛"现象严重。此外，数据传输依赖互联网技术，部分数据可能包含企业产品和技术等隐私信息，存在一定的信息安全和监控问题，涉及数据确权的法律法规和标准体系有待健全。

三、动力蓄电池智能仓储配送中心创新发展模式

1. 动力蓄电池仓储配送由"N—N"向"N—1—N"服务模式发展

借助动力蓄电池智能仓储配送中心的中介服务功能，可以将传统的"N—N"服务模式有效地转变为"N—1—N"服务模式（图7-20）。该模式下，仓储配送中心可以为整车企业、充换电企业、动力蓄电池企业以及回收再利用企业等提供运输、仓储、包装、配送等全方位业务，同时具备较强的规模化和信息化整合处理能力，从而降低企业运营成本，实现更专业和更高效的仓储配送服务，提升盈利水平。

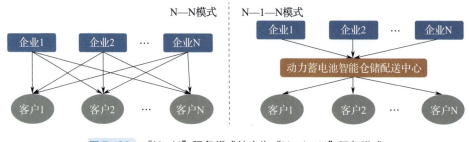

图7-20 "N—N"服务模式转变为"N—1—N"服务模式

2. 基于动力蓄电池智能仓储配送中心，构建多元化补能及综合业务生态圈

在仓储配送业务的基础上，将信息数据转化为企业重要资源，进一步挖掘动力蓄电池业务价值，开展增值服务（图7-21）。通过不断丰富业务参与主体，如整车企业、动力蓄电池企业、电网公司、充换电运营商、金融机构和回收再利用企业等，构建动力蓄电池物流互联生态圈，开发新的业务领域，如开

展动力蓄电池回收利用、电网互动、物流金融、物流地产等，实现多元化经营，建立起具有较强盈利能力的业务生态结构，增加新的利润增长点。

图7-21 动力蓄电池智能仓储配送中心未来服务体系

3. 数据平台将是实现动力蓄电池智能仓储的重要基础设施

通过数据平台建设，充分利用现代化传感技术、大数据、机器学习、区块链等手段，对动力蓄电池运输、充换电及回收梯次利用等全过程各个环节进行管理，实现动力蓄电池全生命周期数据的采集、预处理、存储和挖掘，保证数据资产的完整性和可追溯性，更好地服务于各业务参与主体。

第五节 新一代换电站

新一代换电站以更换动力蓄电池的方式为电动汽车提供电能补给，并推动形成统一换电标准、探索共享换电。围绕矿场、港口、城市转运等场景，支持建设和布局专用换电站，加快车电分离模式的探索和推广，促进重型货车和港口内部集装箱货车等领域电动化转型；探索出租、物流运输等领域的共享换电模式，优化提升共享换电服务；换电模式在私人乘用车中的应用也在持续增加，适合的应用场景主要是居住地无法自建充电桩的私人用户或是认同换电模式的消费者。

一、多类型企业加速布局乘用车和商用车换电市场，商业前景逐渐显现

换电模式的优势体现在提升补能效率、降低用户购车成本以及动力蓄电池统一管理等方面。首先，"车电分离"模式通过将汽车和动力蓄电池独立销售，可以有效降低消费者的购车门槛，并提高电动汽车保值率。其次，换电运营商通过对动力蓄电池精细化管理，能够保障充电过程安全，并可利用动力蓄电池健康状态的监测数据为动力蓄电池价值评估与流转提供相关依据，同时为金融机构对动力蓄电池资产性能的判断、保险等提供参考。此外，换电模式也有利于推动动力蓄电池回收利用，释放全生命周期价值。一方面，以换电站为单位进行统一管理能有效降低动力蓄电池回收难度。另一方面，换电模式对动力蓄电池进行均衡管理，且所使用的动力蓄电池型号、能量密度、使用强度和使用场景相对统一，因此，退役动力蓄电池状态具有更高的一致性，基本可满足梯次利用的可靠性和安全性要求。

我国布局换电运营的企业主要分为四类。一是如奥动新能源、伯坦科技等第三方换电运营商。二是具有整车企业背景的换电运营商，例如蓝谷智慧能源、易易换电、Nio Power 分别是北汽新能源、吉利、蔚来旗下的换电运营品牌。三是能源供应商拓展充换电业务，例如国家电网、南方电网、中石化、国家电投、协鑫能科等能源企业探索换电＋充电综合能源服务站。四是动力蓄电池企业，通过整合行业资源，尤其是标准化动力蓄电池推动行业需求来提升动力蓄电池订单。截至 2022 年 5 月，面向乘用车市场的换电站建设数量约 1519 座[○]，主要集中在一线城市及新能源汽车推广较好的地区。北京的换电站数量最多，共计 270 座，其次是广东（204 座）、浙江（145 座），如图 7–22 所示。

○ 充电联盟主要统计了奥动、蔚来、伯坦的换电站。

图7-22 截至2022年5月全国乘用车换电站保有量前十省市

注：资料来源于充电联盟。

奥动、蔚来及伯坦是现阶段我国乘用车换电基础设施建设运营的主力军。截至2022年5月，奥动运营440座换电站，服务品牌相对集中、动力蓄电池规格相对一致的运营车，已在数十座城市开展出租、物流、分时租赁等场景的换电服务。奥动与北汽新能源、上汽、长安、东风、广汽、一汽等整车企业开展换电合作，兼容多品牌多车型的动力蓄电池。伯坦与东风、力帆等整车企业已开发分箱换电车型，建成并运营换电站108座。蔚来运营换电站971座，服务本品牌私人乘用车。具体见表7-7。

表7-7 我国乘用车市场主要换电运营商（截至2022年5月）

企业	商业模式	服务车辆品牌	应用场景	换电站数量
奥动	充换一体化、服务一体化、车网一体化、车电分离	北汽新能源、长安等	出租车、网约车	440座
蔚来	车电分离、动力蓄电池租用、可充可换、梯次利用	蔚来	私人	971座
伯坦	车电分离、分箱换电，动力蓄电池的高度梯次利用和循环利用	东风、力帆、北汽	出租车、网约车	108座

注：资料来源于中国电动汽车百人会。

在商用车领域，换电重型货车在港口、矿山、工程机械、短途运输等多场景全面开展试点示范，并覆盖高海拔、低温地区。截至 2022 年 1 月，国家电投已主要在钢铁厂、矿山、城市渣土、电厂、港口、煤矿等场景应用落地换电站 63 座，覆盖北京、上海、山西、天津、海南、内蒙古、新疆、辽宁、山东、河南、贵州、河北、四川、江苏、浙江、安徽等省市自治区。协鑫投入运营的乘用车换电站 12 座、重型货车换电站 3 座。此外，吉利、中化金茂等企业也在布局重型货车换电。

换电技术主要解决动力蓄电池卸下和装载时保持动力蓄电池与汽车连接稳定性的问题。根据换电车辆动力蓄电池安装位置，换电技术可分为底部、侧向、端部、顶部、中置动力蓄电池更换；根据动力蓄电池包类型，则可划分为整包换电与分箱换电。由于动力蓄电池体积较大，同时要与驱动电机相连来输出动力，所以多数换电车型的动力蓄电池铺设在底盘。底盘式布置的动力蓄电池可以整体置于一个保护壳之内，安全性较高。不过，底盘换电需要对汽车底盘结构进行改造，标准化困难，且由于只支持全自动换电方式，设备成本偏高。侧向分箱换电对空间要求较高，主要应用领域为商用车。分箱换电将整块车载动力蓄电池进行小块化、模块化、标准化的统一，能实现多类车型换电兼容，不同车型只要配置不同数量的动力蓄电池箱即可。由于每个箱体都需保护壳，动力蓄电池重量也会相应增加。针对不同类型车辆、不同运营场景，车端换电技术路线差异情况见表 7-8。不同换电方式特性对比见表 7-9。

表 7-8 车端换电技术路线差异

场景	换电类型	换电技术
出租车	北汽新能源 EU 系列	底盘整包换电
私家车	蔚来汽车 ES 系列	底盘整包换电
网约车、分时租赁	时空电动 ER30 车型、力帆	多箱换电
商用车（主要采用端部、侧向换电）	山东凯马 2.5T 轻型货车	中置式换电
商用车（主要采用端部、侧向换电）	福田欧辉纯电动大客车 洋山港 AGV 集装箱运输车 东风蓝牌轻型货车	多箱侧向换电
商用车（主要采用端部、侧向换电）	公交车	分箱换电
商用车（主要采用端部、侧向换电）	华菱星马纯电动重型货车	车辆顶部换电

注：资料来源于中国电动汽车百人会。

表7-9 不同换电方式特性对比

换电形式	动力蓄电池隐蔽性	动力蓄电池箱密封性	换电设备成本	换电自动化	操作工艺标准化	插接器安全风险	应用厂商
底盘换电	好	好	高	全自动	不易实现	低	蔚来、奥动、宁德时代
侧向换电	较好	较好	较高	半自动	不易实现	较低	伯坦、时空电动

注：资料来源于中国电动汽车百人会。

二、推动建设规划、兼容标准等问题解决，促进换电站更加安全可靠

换电基础设施未纳入城市整体规划，会遇到电力增容困难、布局不合理等诸多问题，充电桩规模化落地所面临的尴尬在换电模式上同样存在。同时，目前行业内对于换电站属性没有明确定义，政府层面也没有明确的牵头主管部门统筹协调换电站的建设，在换电设施建设中会遇到地方报备机制和建设标准不明确、差异大的问题，这些问题限制了换电站的精准布局和推广速度，也增加了运营成本。

跨品牌、跨企业的动力蓄电池包标准统一进展慢，不同换电技术路线也难以兼容。目前，不同主机厂的动力蓄电池规格各异，连接部件各异，换电站的换电方式也存在巨大差异，无疑影响了动力蓄电池包的互换性和换电站的通用性。动力蓄电池标准统一在技术层面的难度不大，主要涉及动力蓄电池规格、机械连接、电气连接、通信协议、管理系统等，GB/T 34013—2017《电动汽车用动力蓄电池产品规格尺寸》规定的动力蓄电池电芯外形尺寸数量见表7-10。然而，推进动力蓄电池总成与接口的标准化、通用化涉及多方利益纠葛。主机厂不愿放弃自主掌控动力蓄电池体系，或者向外开放自己的技术设计数据，以避免沦为只做车架的主机厂。实施标准化动力蓄电池包，也可能压缩整车企业的设计空间，影响企业的研发生产和品牌经营，也会在一定程度上使电动汽车产品趋同，不利于满足多样化的汽车消费需求。同时，现有车型公告机制和换电重型货车商业模式不匹配，跨品牌、车型、容量的动力蓄电池互

换受限,影响了动力蓄电池作为移动能源载体的共享利用。

表 7-10 国家标准规定的电芯外形尺寸数量

电芯类别	规定尺寸数量
圆柱形蓄电池	6 种
方形蓄电池	125 种
软包蓄电池	14 种

注:资料来源于国家标准网,由中国电动汽车百人会整理。

动力蓄电池在充放电及存储过程中存在安全隐患。换电站内存储有多块动力蓄电池,动力蓄电池电化学特性使其在充放电与储存过程中具有一定的燃爆特征,存在安全隐患。我国汽车行业在换电领域制定的首个基础通用国家标准 GB/T 40032—2021《电动汽车换电安全要求》已于 2021 年 11 月正式实施。目前对于计量、通信和运行平台等涉及数据安全的内容尚未形成统一有效的防范和监管,亟须考虑对换电站的动力蓄电池状态进行实时监测,规范监测数据标准,规避动力蓄电池状态异常造成的意外事故。

三、提升通用性和安全性,充分利用数据资源价值将是换电站的发展方向

1. 强化换电站建设的统筹规划

将换电站配套设施建设列入专项规划,进行精准布局;明确牵头主管部门与审批流程,统筹协调换电站建设所需的土地、电网建设等保障措施,引导行业有序发展。

2. 加快共享换电的国家标准统一

考虑基础设施共享互换,考虑市场存量,采用统一的技术路径,避免资源浪费和同质化竞争,为行业发展创造更加良好的营商环境。同时,建议工业和信息化部在现有换电车型公告的基础上,允许整车企业根据市场需要进行子公告的拓展,在保障安全的基础上,允许在已公告并上牌的车辆上使用不同规格的动力蓄电池,从而使动力蓄电池作为移动能源的资产能够实现合法的共享运营。

3. 探索动力蓄电池全生命周期运营管理

推动整车企业、动力蓄电池企业、车队、换电运营商、能源公司、回收利用企业等加强合作，建设动力蓄电池全生命周期共享数据平台，打通跨企业数据通路，加速数据资源的整合流通，开发数据商业价值。实现动力蓄电池资产可溯源、可监测、可流通，完善动力蓄电池资产全周期管理服务，以延长动力蓄电池使用寿命、提升动力蓄电池安全性，并大幅提升动力蓄电池上游材料关键战略资源安全性。同时鼓励地方政府与企业加快建立自有换电基础设施的安全管理体系，鼓励换电企业参与和开展安全管理技术措施的研究，完善用电、消防等安全管理有关制度和标准。

第六节　移动能源服务设施

移动能源服务目前主要指使用移动充换电车或移动储能充电桩对车辆进行补能服务，两种方式的对比见表 7-11。

表 7-11　移动充换电车和移动储能充电桩主要指标对比

补能方式	移动充换电车	移动储能充电桩
主要适用场景	救援充换电	老旧小区、高速服务区、零碳园区、地下停车库、户外停车场等
使用方式	使用 App 或小程序或拨打客服电话下单，专员前往充电	使用 App 或小程序下单，下单后移动储能充电桩（部分场景需要人员参与）前往充电
充电时间	0.5h 充电 80%（高于慢充）	0.5h 充电 80%（高于慢充）
建造成本	20 万～30 万元	10 万～30 万元/台
收费标准	方案 1：按次数计价，如蔚来：380 元/次，单次服务充电量不超过 50 度电（50kW·h），且最高补充至待加电汽车的荷电状态 90% 方案 2：上门费 + 充电费 + 服务费，如 E 约充电：0.8 元/kW·h 的充电服务费 + 4.19 元/kW·h 的人员服务费 + 上门费（起步价 35 元/10km，超过起步里程后 8 元/km）	与公共桩收费一致：电费 + 服务费，价格为 1～1.8 元/kW·h

(续)

动力蓄电池损耗	较小（低于快充影响）	较小（低于快充影响）
优点	机动性强，响应速度快	场地使用灵活 减轻电网运行压力 通过峰谷价差套利增加经济性；梯次利用动力蓄电池也可用于储能装置
缺点	成本高，使用柴油发电机的移动充电车环保性差	初期投入成本和运营成本高于充电桩（但远低于换电站）
代表企业	蔚来、比亚迪、国家电网、e约充电	国轩高科、大众、远景AESC

移动充换电车多为厢式货车改装后装载储能电池或柴油发电机，为纯电动汽车提供充电或者换电等补能服务。

移动储能充电桩多为携带大容量电池的智能充电机器人，集储能和充电于一体，可充可储、削峰填谷、无需基建、方便部署，未来将与固定充电桩、换电站形成互补，为新能源汽车用户提供更方便的补电方式；在一定地理范围和应用场景内为电动汽车提供灵活的充电服务，由"车找桩"转变为"桩找车"，缓解充电难问题。部分企业布局的移动充电设备如图7-23所示。

a）蔚来移动充电车　　b）远景摩奇智能充电机器人　　c）国轩智能移动储能充电桩

图7-23　部分企业布局的移动充电设备

移动能源服务有助于缓解基础设施布局不足带来的补能焦虑。由于不需要进行基地施工、电网铺设、土地租赁，移动能源服务使补能摆脱了场地的限制，降低了基础设施运营的固定成本投入，有助于缓解初期充电桩、换电站等基础设施服务网络布局不健全的问题，缓解了续驶里程焦虑。

一、移动补能运营服务主体基于应用场景拓展定制化服务

发展初期，移动能源服务主要是为了缓解消费者对充换电基础设施匮乏、车辆续驶里程短的顾虑，促进车辆销售而推出。2014年12月，北汽推出EV200车型，为了缓解消费者里程焦虑，投放了两辆超级移动充电车，随时为电量不足的电动汽车补电。发展初期，移动充电车也曾是蔚来能源的主力，是蔚来能源被大众熟知的补能方式之一。2022年，国轩高科量产"易佳电"系列移动储能充电桩，通过商业模式创新，设备可在谷时为自己充电，在峰段时和平段时为汽车充电或为工商业提供电力服务。

当前，移动能源服务已经转型为满足部分场景的灵活机动补能方式。主要应用场景如下。

（1）救援充换电

当电动汽车因电量不足而在路上抛锚时，驾驶人可使用电话或者App发送求救请求，移动充换电车即可为驾驶人的电动汽车快速充换电。

（2）特殊时间

节假日期间电动汽车集中出游，高速公路沿线迎来补能需求高峰，利用大数据预测高速公路服务区充电热度和高峰时段，及时增派移动充换电车和移动储能充电桩，保障节假日期间高速公路服务区补能功能。

（3）特殊地点

我国建成于2000年以前的城镇老旧小区约有21.9万个，普遍存在场地有限、电网扩容难的问题，采用移动储能充电桩能够灵活借助车辆和设施之间闲置位置进行充电；在用电低谷时获取电能，在用电高峰时释放电能降低电网负荷。

（4）特殊场景

在地下车库、户外停车场、出租车/网约车充电场站、4S店及服务快修连锁店、矿山等场景，由于电力系统条件限制，无法修建充电桩或换电站，采用

移动充换电车或移动充电桩为电动汽车提供补能服务。

(5) 零碳园区和零碳智能交通建设

移动储能充电桩除适用于固定桩所有充电场景外，本身具备储能特性，可以通过储充结合探索零碳园区、零碳智能交通建设等场景应用。

移动能源服务设施产业链主要由产品供应商和服务运营商构成。

(1) 产品供应商

移动能源服务设施在国内外开始迎来量产，未来市场潜力值得期待。目前从事移动能源服务设施生产的企业主要有以下三类，相关信息见表7-12。

1) 主机厂及相关企业，如大众汽车、爱驰汽车和度普新能源。大众于2018年发布一款移动快速充电桩概念产品，搭载大众MEB平台动力蓄电池组，单台容量为360kW·h，最多可以为4辆车同时充电，首批移动式充电站将基于MEB可扩展电动汽车平台退役的电动汽车动力蓄电池打造，2023年有望迎来量产。

2) 动力蓄电池企业，如国轩高科、远景动力和蔚能。国轩高科于2018年开始研发，并于2022年量产易佳电系列移动储能充电桩，单台容量为193kW·h，充放功率为60kW，且在上海、合肥等城市启动了示范推广应用。远景科技集团于2021年发布摩奇（Mochi）绿色充电机器人，搭载远景AESC车规级安全蓄电池，单台容量为70 kW·h，充放功率为42kW，适配市面大部分主流电动车型。

3) 智能机器人企业，如始途科技。2022年4月8日，始途科技发布了SATOR移动充电站。

从现有发布的产品来看，移动能源服务设施主要由储能蓄电池模块（电芯、BMS等）、动力系统模块（电机、底盘等）、充电模块（逆变器功率模块、充电机等）、机械臂、传感器（2D激光雷达、超声波雷达、摄像头等）、用户操作系统和自动驾驶系统等构成。其中，蓄电池成本约占到整个系统成本的60%~70%，不同蓄电池容量的移动储能充电桩成本结构也略有不同。

主机厂主要优势在于接近下游市场，智能机器人企业主要以自动驾驶技术、机械臂操作和底盘等技术为核心竞争力；而动力蓄电池企业在储能蓄电池的成本控制能力和产品制造、蓄电池管理、未来蓄电池梯次利用和回收等方面具有显著优势。

表 7-12　移动能源服务设施产品对比

实物图						
企业产品	国轩易佳电	远景摩奇	度普 AFC-200-LH	始途科技	大众 Mobile laderoboter	爱驰 CARL
长×宽×高/m	2.1×1.06×1.3	1.75×0.95×0.6	1.3×1.1×2.2	—	—	—
电压平台/V	DC 200~750V	DC 200~750V	DC 200~920V	—	—	—
储能电量/kW·h	193	70	193	45~50	25	—
充放电功率/kW	60	42	120	70	50	60
充电方式	手动	手动（量产）	手动	机械臂/手动	机械臂	机械臂
行驶形式	遥控	遥控（量产）	固定式	自动驾驶	自动驾驶	自动驾驶
下单方式	刷卡、扫码、小程序、App	App	刷卡、扫码、小程序、App	小程序、App	App	扫码、App
预计投产时间	已量产	2022年6月	已量产	已量产	概念车	未量产

(2) 服务运营商

我国提供移动补能服务的运营商不断增多，其中包括以下两类。

1) 整车企业：如蔚来、比亚迪、大众汽车等整车企业主要提供移动充换电车服务，将该项业务作为单独板块运营、收费，向符合条件的任意品牌车型提供服务；其余大多数整车企业将移动能源服务纳入售后服务体系，只对本品牌车主提供限次数的道路救援服务，如小鹏、上汽荣威等，且部分整车企业选择将移动能源服务外包给蔚来、比亚迪或者专业补能服务供应商。

2）专业补能服务平台：开放式服务，如 e 约充电、国家电网、国家电投、国轩高科易佳能、远景 AESC 等。平台服务商仅要求充电接口满足国家标准或可通过转接头进行转接、充电电压范围及辅助电源电压符合条件即可；同时，在用电高峰时可以充当储能设施使用，实现利用峰谷价差套利。

二、运营成本高是目前移动补能服务面临的主要挑战

移动补能服务面临初期投入高于传统的固定桩，且没有建设和运营补贴，以及标准体系尚未成形等问题，主要体现如下：

1）前期建设成本、运营费用相对较高。使用储能蓄电池的移动充换电车及移动充电桩的成本增量来自储能蓄电池成本、充电成本、充放电损失率、储能蓄电池衰退成本等，移动充换电车还需要增加人工费用。

2）移动能源服务设施暂未出台国家补贴政策。目前来看，北京、上海、深圳、广州、重庆等城市都推出了针对直流充电桩和光储一体设施的建设和运营补贴，而移动储能充电桩还没有相关的补贴。

3）产品行业标准尚未成形。目前移动能源服务设施还未有明确的产品定义和行业标准，移动充电桩兼具充电桩和储能产品属性，对于其储能属性缺乏相应的安全标准、认证流程和碳足迹等相关标准。

4）使用柴油发电机的移动充电车面临柴油价格高以及柴油发电机不符合新能源汽车环保理念的困境，其成本主要由柴油发电机成本、柴油成本、人工费用等构成，按照柴油发电机组燃油消耗量 220g/kW·h、0 号柴油价格 7.37 元/L 及柴油质量为 835g/L 估算，仅柴油成本就达 1.94 元/kW·h。

三、移动能源服务将与其他基础设施模式互补

移动能源服务作为一种灵活的快速补电方式，未来将不断拓宽使用场景和

商业模式，与现有的固定式充电桩、换电站等模式互补，共同构成未来的新能源汽车充电生态。移动充电车在应急救援环境下的重要性不言而喻；移动补能设备具有易扩容、灵活且可移动特征，可降低固定充电设备大规模部署投资搁浅的风险，提高现有配电网的利用率，避免大规模升级改造，将成为公共充电桩的重要补充和升级。

未来，移动能源服务将继续在道路应急救援、老旧小区、特殊节假日的高速公路服务区、零碳园区等多种应用场景发挥作用，保障电能补给；同时利用峰谷价差机制，增加其经济性。

第八章
创新发展案例

第一节 新型基础设施丰富用户补能体系

一、政府科学规划示范：云南玉溪充电设施规划优化及"车–桩–网"协同

云南省玉溪市政府于 2015 年开始规划建设充电桩并纳入《玉溪市能源发展"十三五"规划》，2018 年将充电基础设施建设用地纳入城乡建设规划，优先统筹解决公共充电设施新增土地利用计划指标，鼓励县区划拨部分土地建设示范充电站[一]，到 2020 年已实现域内 9 个区县公用充电设施全覆盖，充电基础设施建设处于云南省领先地位。

但建设过程中出现了充电基础设施主要分布在市政机构、电网企业、客运站点等地，在商业配套区及各公共停车场、小区等地布局较少，建设落地选址还比较单一等问题，无法很好地满足当地电动汽车充电需求，影响了当地新能源汽车发展速度。而随着新能源汽车保有量的提升，新能源汽车充电对当地电网的冲击逐渐加大。因此，科学合理地设置充电设施空间布局及优化当地电网规划，逐渐引起了市委市政府的重视。

在政府的支持下，当地通过大数据分析来完善充电设施布点科学规划，规划编制的思路为：一是根据车辆充电需求情况完善布点。基于公交车、出租车、公务车等不同类型电动汽车的充电行为特性，采用蒙特卡洛模拟方法预测

[一] 资料来源于《玉溪市人民政府办公室关于印发玉溪市加快新能源汽车推广应用工作方案的通知》。

电动汽车时间分布。以电动汽车充电负荷时间分布预测为基础，基于电动汽车和人的热力学轨迹，利用网格化模型将充电负荷在空间上进行分配，形成充电负荷时空分布预测结果，从而解决充电设施与充电需求不匹配的问题。二是充分考虑现有充电站利用情况以及与电网规划的关联关系，综合考虑电网建设运营维护成本、充电设施建设投资、电动汽车充电行驶和等待成本，兼顾电动汽车用户、充电设施运营商等各方利益，基于充电负荷时空分布特性，综合考虑充电站布局现状，以全社会成本最优为目标建立充电设施布点规划模型，并采用分支定界法进行优化求解，促进电网规划与充电设施规划的协同、充电设施规划和电动汽车充电需求的协同，在规划层面实现"车-桩-网"协同互动。

具体操作层面，玉溪市将已建成的充电桩均接入"彩云充"平台——云南省省级平台，实现数据互联互通、统一监管。基于电动汽车历史行驶路径大数据和人流分布大数据，分析发掘充电需求热点区域。基于已有充电站的利用情况，分析充电电价、地理位置、充电需求等因素对充电站利用率的影响，总结低利用率充电站的教训和高利用率充电站的经验，在后续充电站规划建设过程中尽量提高充电站的利用率。

相较于其他地区由经验法则确定的充电设施布点方案，玉溪市的科学规划将充电设施布点与电动汽车充电需求紧密结合，精准定位用户充电薄弱点，在激发用户购买电动汽车热情的同时，实现当地电网的安全稳定。据估计，玉溪市的充电设施布点科学规划可在"十四五"期间带动4.3万辆新增电动汽车销售，促进交通领域的电能替代，在电源侧清洁替代、新能源装机规模日益增长的背景下，每年可减少二氧化碳排放11.1万t，有效降低社会成本约10%。

二、换电模式探索：奥动、协鑫徐州、吉利隆欣杭州

（一）奥动新能源城市级换电智慧能源服务平台项目

奥动新能源汽车科技有限公司（以下简称奥动）自2000年起一直专注于新能源汽车换电技术研发及换电站网络商业运营，努力打造"车辆-换电站-

电池-智能大数据-城市储能"多位一体的换电生态。如图8-1所示，奥动已完成自主研发底盘卡扣式换电技术，承载锁止与功能分离二元结构，具有高可靠性、极速、共享特点，覆盖乘用车、微型客车、轻型货车、重型货车、大客车等车型。除了向新能源汽车提供换电服务以外，奥动的所有换电站均可兼容双向充电机，从而可利用梯次蓄电池实现电能双向流动、换储一体，向电网提供储能服务。

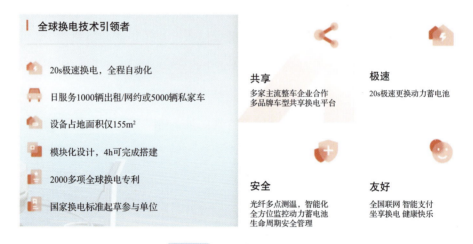

图8-1 奥动换电技术介绍

注：资料来源于奥动官方网站。

奥动换电站除了自营模式以外，还开展了合资、加盟等创新，加速全国换电服务网络布局。2021年起，奥动合资、加盟等模式已在大湾区城市（东莞、深圳）、长三角城市（南京、合肥）落地，充分发挥合作伙伴的区域优势进行共创。奥动计划在换电站旁，联合两轮换电柜企业开展联合业务；同时，努力探索与合作伙伴共建综合能源服务场站的模式，在同一个场站实现可换、可充、可储、可升级，提升土地与电力等公共资源的有效利用率。

经济效益方面，在城市政策支持以及合理的"车""站"配比前提下，奥动换电运营模式一般在3～4年实现盈亏平衡，实现良性循环。奥动在综合分析城市整体的经济发展、城市规模、人口规模、新能源政策及调研当地用户的主要驾驶区域、交通枢纽（机场、火车站）以及其他地理区位后，考虑多种因素进行选址布局。换电站的主要营业收入为换电服务运营收入，主要运营成本由土地租赁、土地施工、电力增容、蓄电池、换电站设备与人力成本组成。如表8-1所示，换电站作为补能基础设施，需要适当超前的投入，因此奥动还处于大规模投资建设换电站的扩张阶段，致力于打造换电服务网络，创造城市级的规模效应。

表8-1 广州、厦门盈利案例

城市	城市面积	车辆保有量	首站布局时间	盈利情况
广州	7000km²	280万辆	2018年1月	2019年共计覆盖28座换电站，全年盈利超过500万元
厦门	1700km²	170万辆	2016年5月	2019年共计覆盖11座换电站，全年盈利超过380万元

注：资料来源于企业调研，由中国电动汽车百人会整理。

环境效益方面，基于奥动大数据平台2021年8月的评估，奥动通过提供换电服务每年约减少5.2万t二氧化碳当量排放；延长动力蓄电池寿命累计约减少5.3万t二氧化碳当量排放；开发高效率充电机每年约减少830t二氧化碳当量排放；实现车网协同每年约减少1.2万t二氧化碳当量排放；建设工厂分布式光伏每年约减少1200t二氧化碳当量排放。兼备换电与储能一体的新型换电站规模化应用，预计可显著提升减碳能力。截至2022年3月，奥动换电服务网络累计换电次数达2450万次，累计减碳21.7万t。

战略目标方面，奥动提出"双碳四步走"方案：①通过规模化发展全国换电服务网络，加速电动化转型进程；②通过换电延长动力蓄电池寿命，提升动力蓄电池全生命周期价值；③综合利用动力蓄电池资源，扩展储能应用场景；④打造基于换电的新型社会协作体系，推动新型电力系统的实现。通过"双碳四步走"方案，奥动将推动全社会逐步减少汽柴油燃烧过程中、动力蓄电池制造过程中的碳排放，通过自身高效利用动力蓄电池资源提供安全、低成本的储能系统，降低发电行业碳排放，最终实现车-站-网互动给电网提供灵活性电力，大幅度降低发电行业的碳排放。

（二）协鑫徐州专项车辆电动化替代及换电站建设项目

江苏省徐州市计划从 2020 年起在 3 年时间内将全市渣土车全部更换为纯电动汽车，在 5 年时间内实现城市作业专项车辆（主要为自卸车、搅拌车）全部电动化。徐州地区渣土运输主要针对地铁工程及矿山生态修复工程。目前徐州重型货车换电站已建成投入运营 3 座，分别为国家电网茅村站、国家电投夏庄站以及协鑫长山站；拟于 2022 年上半年投入运营换电站 6 座，其中包括协鑫能科的 3 座。

徐州专项车辆电动化替代主要面临着两个制约因素：一是车辆价格高，一次性投资较高，同等运营条件下，运输综合成本没有优势，在燃油汽车参与竞争的情况下，纯电动汽车生存空间狭小；二是能源保障困难，换电站较少，无法及时满足运输单位就近就地换电的需要。

协鑫通过三个方式解决客户痛点：一是通过车电分离模式，降低客户投资成本及运营成本；二是加快换电站落地并注重站点的合理布局，为客户提供可靠的能源保障，减少不必要的无功里程成本；三是加强与国有平台的合作。通过成立合资公司的方式，在车辆持有、换电站建设、平台运营等方面进行深度合作，利用多方优势资源，加快城市电动化的快速落地。

经济效益方面，协鑫投入运营和服务的新能源专用车通过节约使用成本、能源成本来弥补较高的购车成本。每千米能源成本：徐州国家电网对新能源基准电价采用非工业电价方式进行结算，每月浮动电价约 0.66 元/kW·h，换电服务费用约 1.6 元/kW·h（车电分离模式，服务费包括动力蓄电池使用成本），度电费用约 2.56 元/km。综合我国 0 号柴油使用价格约 7.5 元/L，耗油量约 45L/100km，油耗费用约 3.37 元/km。和燃油汽车对比，每辆车每年使用成本节约 2.43 万元，能源成本节约 6.6 万元，年总计可节约成本约 9.03 万元，5 年内可节约 45.15 万元，不仅能够覆盖换电重型货车相比于燃油重型货车多出的购车成本，同时能优化换电站布局。

环境效益方面，200 辆新能源自卸车投入使用后，相比同等数量的燃油汽车，每年可节省柴油约 15000t，减少二氧化碳排放量约 46725t。目前徐州市区备案的燃油渣土自卸车有 1495 辆、燃油混凝土搅拌车 1000 辆。如果将以上燃油车辆全部电动化，每年可节省柴油约 187125t，相当于减少二氧化碳排放量约 582894t。

（三）吉利重卡综合能源站·杭州隆欣换电站项目

吉利重卡综合能源站·杭州隆欣换电站（简称隆欣换电站）于 2021 年 10 月正式建成，是杭州首个应用新能源纯电动搅拌车整体替换现有燃油汽车试点。吉利商用车旗下的万物友好运力科技有限公司依托远程新能源商用车在车辆、金融、充换电站、智能平台及工程行业的优势，与杭州隆欣建材有限公司联合打造了全球首个城市级综合性"绿色商砼重卡换电站"，共计投入 6710 万元，引进电动车 50 辆，配建换电站 1 座，并搭建数字化运营管理平台。经初步测算，50 辆纯电动车 5 年可节省 1049 万元，可减排二氧化碳 29587.5t。

经济效益方面，远程新能源商用车以"电池银行"的模式向杭州隆欣提供换电重型货车动力蓄电池运营服务，降低了隆欣的首次购车成本，并基于自身数字智能平台管理换电站日常运营。换电站通常储备多块动力蓄电池，换电模式下动力蓄电池由运营商统一管理，在合适的温度下以稳定的电流统一充电，用充满电的动力蓄电池进行更换。换电站会对替换下来的动力蓄电池进行检测和保养，以确保动力蓄电池的正常使用，有效提高动力蓄电池安全系数，动力蓄电池使用寿命可延长 10%。经检测，无法在重型货车上继续使用的动力蓄电池将根据其实际性能参数梯次利用到其他场景。总体来看，纯电动重型货车的综合能耗费用比柴油车低 15%。在能源补充方面，换电全流程在 5min 内即可完成，无需人工操作，不仅满足混凝土高效运输要求，还可利用夜间低谷电能，保证了高效运营。在智慧支持服务方面，远程新能源商用车建设数字化运营平台，配备技术团队，为换电站、动力蓄电池、车辆运行提供支持服务，从中心端、车队端到驾驶员端，实时提供精准收集的车辆情况、换电站定位、动力蓄电池状态等客户、物流供需方所需信息，提高运营效率及安全性，保障车辆高效运行，解决企业用车后顾之忧。

环境效益方面，隆欣换电站采用了综合清洁能源技术，为换电重型货车提供日常所需的清洁能源动力。在一期规划中，50辆换电重型货车配合一座换电站，相较于燃油汽车，换电重型货车每年可减排总计约4556t。全市重点领域80%车辆实现电动化后，年减排可超100万t，释放的生态效益将进一步改善居住环境，助力实现双碳目标。

社会效益方面，隆欣项目的50辆车为杭州首批换电混凝土搅拌车，目前市场处于空白期。项目的成功推行将极大地推动浙江其余县市的切换力度。杭州市生态环境局将隆欣"绿色商砼重卡换电站"列为试点单位（目前评审中，得分较高），确保新能源车试点和推广应用工作顺利开展，要求市商品混凝土协会加强本行业指导，及时总结推广试点经验，加快推广应用。

三、光储充换一体探索：国网广汇宝马项目、蔚来换电、国家电投项目

（一）4S店：国网广汇与北京骏宝行宝马项目

宝马与广汇集团、永达集团和森纳美集团等签署战略合作协议，在经销商集团下属4S店内进行充光储合作，在广汇汽车集团完成85家充光储投资建设。我国首家4S店部署光储充一体化综合能源解决方案暨全国首家使用清洁能源电力系统的4S店已于2020年9月投入运营。

清洁能源4S店依托光伏系统、储能系统、充电技术和电池检测四项新能源技术的一体化综合能源解决方案，来实现白天依靠光伏发电、储能放电，减小门店对电网用电负荷的依赖，有效拉低门店负荷需求曲线，夜间系统自动完成储能动作，存储低价电供白天使用。同时，店内能源系统还配备智慧能源云平台远程监控，参与电网调度，并具备离网独立运行能力，为重要用电设备提供备用电源，形成智能化微电网系统。

经济效益方面，北京市发展和改革委员会公布的北京郊区非居民销售电价

显示，一般工商业用电尖峰时间电价为1.39元/kW·h，低谷时间电价为0.28元/kW·h，峰价和谷价每度电相差1.1元。如果在峰价时间使用储能蓄电池为4S店供电，可以节省可观的电费。据测算，300kW·h的储能系统利用"削峰填谷"每年可为4S店节省约10万元电费。

环境效益方面，据测算，北京骏宝行的充光储系统年消纳绿色能源达175484.7kW·h，可减少CO_2排放量174958.2kg。

（二）整车企业：蔚来汽车充换电资源提升韧性电网供电可靠性项目

该蔚来汽车综合能源站基于上海某220kV变电站，在变电站顶部配置分布式光伏，用三联供机组替代空调，建设多能结合的综合能源站；于变电站墙外建设一个充换电一体站（换电站一座加充电桩若干，并结合周边停车位置建设车棚光伏；换电站除提供公共充换电站服务外，一回进线接至变电站站用电母线，在应急检修的情况下，可为变电站提供站用电内应急负荷电源）。

该综合能源站通过考虑用户不确定性的充换电资源精准调控技术，同时实现了满足新能源汽车用户充换电需求和更大程度参与调频、备用等辅助服务，提升韧性电网供电可靠性。考虑用户满意度和不确定性的充放电资源可调潜力评估方法，为提供更加准确的调节能力评估，支撑源网荷储平台对充换电资源的精准调控。充换电运营平台充分挖掘历史充换电大数据，基于深度学习等人工智能（AI）算法建立充换电订单预测模型，提前预测用户充换电行为，解决原有粗放的报量方式，基于车辆服务数据的更高数据维度负荷预测方式，相对于纯粹基于历史负荷的预测方式，可以提升短期负荷预测准确率约50%。基于5G和蔚来自主开发的能源云，实现对充换电资源秒级、柔性调节，支持充换电资源参与调频、备用等辅助服务。同时，该综合能源站的V2X功能可实现换电站对外部快速、应急供电功能，有效提升韧性电网供电可靠性。换电站可作为变电站用电的第三路电源，可支持分钟级切换，额外支撑变电站的内站用电重要负荷4~5h，替换或降低原检修状态下柴油发电机的应用时间；换电站也可以作为移动基站、外部照明、灾害状态下居民充电等多场景下的应急供电电源。

经济效益方面，充换电运营平台充分挖掘历史充换电大数据，基于深度学习等 AI 算法建立充换电订单预测模型，提前预测用户充换电行为，提升充换电站资源参与电网需求响应和辅助服务响应能力。换电站参与 2022 年上海市需求响应的有效响应远高于其他参与用户，完成率基本都在 80% ~ 120% 区间内。充分挖掘电动汽车动力蓄电池调节能力，给车主和充换电运营商增加额外经济收益。

环境效益方面，充换电站负荷特性与光伏发电特性高度重合，基于换电站储能特性实现对本地光伏的 100% 消纳，促进交通领域的低碳发展。充换电资源通过虚拟电厂平台准确响应电网辅助服务和需求响应，有效应对风、光波动性和随机性对系统稳定的挑战，降低全社会储能资源配置，提升大电网对风、光绿色能源消纳比例。

社会效益方面，当换电站与变电站设施相邻的情况下，将换电站的储能属性作为变电站用电的第三路电源，支撑变电站的重要负荷，替换或降低原检修状态下柴油发电机的应用时间。若遇到灾害导致大停电时，换电站可开业作为临时安置点需要提供应急保供电，包括照明、通信电源、取暖、手机充电、煮水、煮饭等需求。

（三）基础设施运营商：国家电投绿电交通煤光储充换一体化建设项目

国家电投下属的上海启源芯动力科技有限公司（以下简称启源芯动力）与合作方（某发电公司）联合开发的煤光储充换一体化项目位于宁夏。基于合作方原有的燃煤机组及在建的光伏场站，由启源芯动力在合作方火电厂内建设充换电站，配套投资"电池银行"，连接合作方火电厂用电端及燃煤供应物流车辆，形成一个资源集约的"光储充换＋"示范项目。该项目由 200 万 kW 煤电机组、2 组分布式光伏电站（光伏容量约 6MW）、2 座集中式换电站、80 辆换电重型货车构成。目前已经正式投入运营。

该项目换电站的电源接入点引自输煤 10kV 配电室，采用光伏及煤电双电源输入，并优先消纳光伏电力，夜间或者白天光伏供电不稳定时，则由煤电机组的厂用电转供；光伏供电稳定且供过于求时，则余电作为火电厂的厂用电。

该项目为典型的新能源协同传统能源的源网荷储一体化项目，是未来新型电力系统建设的重要方向，具有以下三个特点。

一是清洁稳定。源端采用光伏电站结合燃煤机组的组合方式，在优先保障绿电交通和绿色电力需求的同时，考虑光伏夜间停止供电的特点，由燃煤机组夜间谷电提供换电重型货车运营电力需求。

二是高效经济。相比传统新能源重型货车，采用"换电重型货车–换电站–电池银行"三位一体运营模式，每次换电仅需3~5min，运输效率大幅提升，且换电站充电来源白天为光伏电站电力，夜间为价格低廉的火电厂厂用电，且油电经济性高达16.84%。

三是资源配置优。用低价的厂用电为常用燃煤运输提供服务，无需长距离电力输送，实现网端资源集约；换电站及"电池银行"除为电动汽车提供补电服务之外，还可作为电源侧储能电站，未来项目可探索利用低负荷时段为电网提供削峰填谷的作用；光伏电站除正常供应换电站充电所需之外，在光伏电力过剩的情况下还可实现余电上网。

经济效益及社会效益方面，因燃煤电厂相对于整体项目更多的是起到电力稳定调节的作用，且其正常运营独立，其经济性不算在该项目中。启源芯动力与合作方之间约定，按照稳定的电力供应费率来划分边界，因此，以绿电交易的价格作为边界，光伏电站的投资收益不纳入整体项目的经济性分析中。仅针对换电重型货车、换电站、"电池银行"进行整体经济性分析，整体油电经济性相差6.27万元，油电节约率可达16.84%。按照80辆车80%使用光伏场站所发绿电运营测算，每年将消纳绿电920万kW·h，减少柴油消耗约276.5万t，减少二氧化碳排放约7300t。

四、"电池银行"模式探索：武汉蔚能动力蓄电池公共基础设施项目

武汉蔚能电池资产有限公司（以下简称蔚能）于2020年8月成立，是全球首家动力蓄电池资产管理公司。成立以来，蔚能持有的电池资产快速增长，

从 2020 年底的 0.04GW·h 增长至 2022 年 5 月的 6GW·h，预计到 2025 年将达到 100GW·h。

如图 8-2 所示，基于电池的集约化管理，蔚能采用的 BaaS[一] 模式形成了面向用户、资产托管方、回收利用企业的资产管理与服务能力。此外，基于对电池的全周期管理，BaaS 模式还衍生出了电池车载梯次利用、专项保险、残值评估、高效回收利用体系等业务。

车载梯次利用：基于车电分离和换电服务，BaaS 模式形成了独特的车载梯次利用场景，从而充分挖掘动力蓄电池在车载阶段的价值。

专项保险：车电分离的出现，使得电池资产公司有动力帮助保险公司推出电池保险这一特殊险种。由于 BaaS 模式下的新能源汽车，保险只涵盖车架部分的理赔，电池资产公司将为所持有的电池资产统一购买保险。

残值评估：基于对电池全周期运行数据的监测和分析能力，电池资产公司扮演电池残值评估第三方的角色。

高效回收利用体系：BaaS 模式下电池规格统一、状态可控且一致性好等特点，为建立自动化精细拆解、短流程湿法、正极材料直接修复再生技术在内的高效回收利用体系奠定了基础。

经济效益方面，由于在购车成本、灵活配置以及车辆保值等方面的优势，BaaS 模式为新能源汽车产业发展注入了活力，有力地促进新能源汽车推广，具体体现在以下方面。

1）降低购车门槛：用户无需购买动力蓄电池，使得购车成本显著降低。

2）可充可换可升级：用户可根据自身续驶需求，通过换电网络选择不同容量的动力蓄电池包，充分享受动力蓄电池技术进步带来的红利。

3）提升车辆保值率：用户无需担心动力蓄电池容量衰减成本。

[一] BaaS 是 Battery as a Service 的缩写，指动力蓄电池租用服务。通过车电分离和可充、可换、可升级的动力蓄电池技术，用户可购买不带动力蓄电池的电动车型，按需租用特定动力蓄电池包。

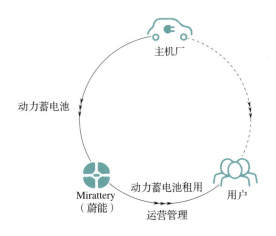

图 8-2　蔚能电池资产流向

注：资料来源于企业调研，由中国电动汽车百人会整理。

环境和社会效益方面，在 BaaS 模式诞生之前，动力蓄电池的产权私有和分散为退役动力蓄电池的回收利用增加了难度，成为行业亟待解决的痛点。而在 BaaS 模式下，基于动力蓄电池的集约化管理，蔚能有效地打通了动力蓄电池从车载服役到梯次利用、回收利用的资源循环断点，为产业链形成完整闭环发挥了重要作用，主要包括以下两方面。

1）规范回收利用产业链：从供给侧切断退役动力蓄电池进入回收利用"灰色产业链"的渠道，减少"灰色产业链"所引发的安全生产隐患，以及对生态环境的污染破坏。

2）保障国家战略资源安全：结合换电网络和动力蓄电池全周期管理系统，实现退役动力蓄电池的集约化回收。

五、移动储能充电探索：国轩高科智能移动储能充电桩在高速公路服务区的应用

近年来新能源汽车在高速公路场景的出行需求日益增长，尤其在节假日期间，高速公路服务区的新能源汽车补能设施甚至出现供不应求的现象。在此背景下，合肥国轩高科动力能源有限公司（以下简称国轩高科）投资成立的安徽

易加能数字科技有限公司，在高速服务区投放自主研发的易佳电智能移动储能充电桩，如图8-3所示，在短期着眼于缓解新能源汽车充电设施供需矛盾，未来通过开展高速公路服务区储充结合试点，建设零碳服务区，为高速公路服务区提供整体能源解决方案。

图8-3 易佳电智能移动储能充电桩

注：资料来源于国轩高科官方网站。

在高速公路服务区投放智能移动储能充电桩，日常可作为储能设备为服务区工商业提供电力服务，在用电高峰时给新能源汽车充电。同时，利用大数据预测高速公路服务区充电热度和高峰时段，及时增派智能移动储能充电桩，保障节假日期间高速公路服务区的充电需求。目前已在合肥丰乐服务区完成设备投放与调试，未来将在安徽全省120多个高速公路服务区实现智能充电、送电差异化服务。

经济效益方面，见表8-2及表8-3，按照设备在夜间电价最便宜时充满

表8-2 峰谷价差收益

时段	获电电价/元	获电成本（电损15%）/元	充放电量（时间×功率）/kW·h	剩余可放电量/kW·h	电价差/（元/kW·h）	峰谷电价收入/元	备注
23:00—08:00	0.3092	0.35558	160	160	—	—	充电
08:00—9:00	0.6931	0.797065	—	—	0.80092	—	—
9:00—12:00	1.1565	1.329975	-120	40	0.80092	96	放电
12:00—17:00	0.6931	0.797065	80	120	0.80092	—	充电
17:00—22:00	1.1565	1.329975	-120	0	0.50660	61	放电
22:00—23:00	0.6931	0.797065	—	—	0.80092	—	休息时间
小计	—	—	240（总放电量）			157	1.5个循环

注：蓝色字体为谷时及电价，黑色字体为平时及电价，红色字体为峰时及电价。

电，在白天电价最贵时为高速公路服务区工商业提供电力服务，获得峰谷差价套利的日收益和年收益计算方法如下：

$$日收益 = 峰谷电价差 \times 放电量$$
$$= (0.80092 元/kW \cdot h + 0.5066 元/kW \cdot h) \times 120 kW \cdot h \approx 157 元$$

年收益 = 350 天 × 157 元/天 = 54950 元，平均度电收益 0.65 元。

设备单价按首批 100 台促销活动价格 30 万元/台计算、4 万元残值、年利率 4% 计算：

$$静态投资回报期 = 固定资产投资/年净现金流$$
$$= (30 万元 - 4 万元)/(5.5 万元 - 30 万元 \times 4\%) \approx 6.0 （年）$$

如平时做储能给工商业提供电力服务，高峰时给汽车充电，按照 70% 电量作为储能、30% 电量给汽车充电，储充结合收益测算如下：

$$日收益 = 总峰谷电价差 \times 放电量$$
$$= 0.65 元/kW \cdot h \times 168 kW \cdot h + 1.4 元/kW \cdot h \times 72 kW \cdot h = 210 元$$
$$年收益 = 350 天 \times 210 元/天 = 73500 元$$

表 8-3 储充结合收益

使用场景	比例	电量/kW·h	度电收益/(元/kW·h)	说明
储能电量	70%	168	0.65	—
充电量	30%	72	1.40	服务费 0.6 元 + 峰谷差 0.8 元

注：由中国电动汽车百人会整理。

设备单价按首批 100 台促销活动价格 30 万元/台计算、4 万元残值、年利率 4% 计算：

$$静态投资回报期 = 固定资产投资/年净现金流$$
$$= (30 万元 - 4 万元)/(7.4 万元 - 30 万元 \times 4\%) \approx 4.2 （年）$$

社会效益方面，包括在用电高峰供电低谷补电，有效缓解电网压力，融入电网储能系统，平衡峰谷分布；不占用固定停车位，有效利用公共停车资源；无需基础建设，无需线路及场地改造，部署更灵活。

第二节　回收企业发展助力挖掘动力蓄电池全生命周期价值

一、专业回收企业：格林美

格林美股份有限公司（以下简称格林美）成立于2001年，基于绿色生态制造的理想而设立，在国内率先提出"资源有限、循环无限"的绿色低碳产业理念，积极倡导通过开采城市矿山的商业模式来"消除污染、再造资源"。格林美回收处理废旧动力蓄电池、电子废弃物、报废汽车、废塑料，再制造超细镍钴钨粉末材料和改性塑料，凭借镍钴回收与前驱体制备同源的技术优势，布局前驱体材料制造业务，逐渐成长为前驱体龙头企业；同时，格林美在钴镍等资源端深度布局，旨在打通原材料供应端，促进各主营业务协同共振。

在蓄电池回收渠道方面，格林美通过构建全国动力蓄电池回收网络，保障退役动力蓄电池有效回收。一方面，格林美自建回收网络，提出"2＋N＋2"模式，其中，两个"2"分别指武汉、无锡两个综合回收处置中心以及荆门、泰兴两个资源化利用中心；"N"指其他回收处置基地和其他社会回收网络。另一方面，格林美与国内外500余家整车企业和蓄电池企业签署协议，建立废旧蓄电池定向回收合作关系，共建共享131个新能源汽车蓄电池回收服务网点。基于自建和合作的回收网络，格林美基本可以覆盖国内主要新能源汽车和动力蓄电池产业聚集区，一定程度上解决了退役动力蓄电池回收难的问题。

在产能方面，格林美拥有规模化动力蓄电池回收产能，积极开拓国际动力蓄电池回收市场。在国内市场，格林美建成荆门、武汉、无锡、天津、宁波、深圳6大动力蓄电池综合利用中心，年拆解产能达20万t，梯次利用产能达1GW·h；在荆门、泰兴、无锡、宁德等地建成电池材料再制造中心，再生利用年产能达到10万t。在国际市场，格林美于2021年在韩国浦项建成年产能2万t的废旧电池处理生产线，并已投入运营；未来计划在欧洲、东南亚布局电池回收工厂，积极构建面向全球的电池回收产业体系。

在人才及创新投入方面，格林美以技术创新作为公司发展的核心竞争力，逐年加大研发投入。2021年，格林美研发人员达1050人，占公司员工总数的15%。格林美管理团队也具有丰富的技术背景，管理团队半数以上人员具有理工科学习或工作背景，1/3管理者拥有理工科硕士及以上学历。在研发投入方面，近些年，格林美不断增加研发费用的投入，2021年研发投入约10亿元，相比2017年增长近1.7倍；研发投入占销售收入的比例也从2017年的3.4%，增长到2021年的5.2%。

通过持续的人才和研发投入，格林美在梯次和再生利用技术方面取得突破。在退役动力蓄电池拆解方面，针对退役动力蓄电池种类繁杂、拆解过程智能化程度低等问题，格林美研发出可兼容多规格、多种类退役动力蓄电池的智能化、柔性化拆解系统。当前该系统可兼容5种规格尺寸相近的动力蓄电池包，螺钉拆卸速度快于6s/颗，成功率达90%以上；未来计划实现兼容50个动力蓄电池种类或规格，主要部件无损拆解良品率达98%，解离物料归集准确率达99%。在梯次利用方面，针对动力蓄电池梯次利用产业化面临的分选成本高、周期长、动力蓄电池种类多等问题，格林美基于电化学机理参数获取、模型建立、SOH/SOC预测等工作，研发动力蓄电池梯次利用快速分选方法和装备。再生利用方面，针对传统工艺中锂回收率低的难题，采用选择性预先提锂路线成功提高了废旧三元锂离子蓄电池中的锂等高价金属回收率。当前应用改良工艺，使锂回收率达到90%以上，镍、钴、锰回收率也达到了98%~99%。

二、电池商：国轩高科

国轩高科作为全国领先的电池商，在积极布局上游原材料的同时，下大力气解决动力蓄电池回收问题，适时建设零碳产业项目，逐步建立起从材料端、电池端、客户端到回收端的动力蓄电池全产业链生态聚合、全闭环发展、全域化布局机制，逐步缓解动力蓄电池材料对自然资源的需求，促进新能源产业链供给与需求平衡。

国轩高科在合肥庐江布局锂离子蓄电池回收生产线,并在合肥肥东布局包括锂离子动力蓄电池上游原材料及动力蓄电池回收在内的生产基地,并提供动力蓄电池产业低碳化有效路径。2021年,入选工业和信息化部《新能源汽车废旧动力蓄电池综合利用行业规范条件》企业名单;2022年,入围安徽省新能源汽车动力蓄电池回收利用区域中心企业(站)试点名单,与江淮汽车公司、国投安徽城市资源循环利用公司、皖中报废汽车回收公司组成联合体,成为动力蓄电池回收利用区域中心筹建企业(站)之一。

> **延伸阅读 2**
>
> ### 肥东国轩电池材料基地项目
>
> 2021年6月,肥东国轩电池材料基地(以下简称肥东基地)项目举行开工仪式。该项目位于合肥循环经济示范园内,建设内容主要涵盖锂离子动力蓄电池上游原材料及动力蓄电池回收等,规划占地2280亩,计划总投资120亿元。项目将统一规划、分期实施,建成后,将保证国轩高科2025年动力蓄电池产能达到100GW·h的原材料供应能力,并切实解决锂离子动力蓄电池回收问题。一期部分项目2022年投产(图8-4)。
>
>
>
> 图8-4 肥东国轩电池材料基地开工仪式

国轩高科利用销售与售后网络在全国布点29家退役动力蓄电池回收中心、52家退役动力蓄电池回收网点以及200余家委托点,对退役动力蓄电池进行安全、合理的回收,将公司废旧动力蓄电池的回收率从72%提升到93%。此外,公交运营公司等也是重要的回收渠道，国轩高科通过招标等形式，获取部分退役动力蓄电池资源。

如图8-5所示，目前肥东基地主要布局退役磷酸铁锂蓄电池的再生利用业务，现拥有5万t/年报废动力蓄电池处理能力，未来规划达到20万t/年。园区正在建设过程中，现已具备从动力蓄电池包拆解、模块拆解到电芯破碎生产线，其中，电芯破碎生产线有两条，每条线具备2.5万t/年的处理能力。在动力蓄电池正极、负极和电解液的回收处理方面，可以和周边自家的原材料工厂形成闭环利用。其中，电解液目前主要回收碳酸甲乙酯（EMC）、碳酸二甲酯（DMC）溶剂等，回收率在50%左右；负极回收实现小批量化投产，正在不断优化工艺，回收率在80%左右。

图8-5 国轩高科动力蓄电池回收技术布局

注：资料来源于企业调研。

国轩高科构建了动力蓄电池全生命周期模型，开发动力蓄电池无损化拆解方法，实现了退役动力蓄电池快速筛选。针对即将到来的大规模退役磷酸铁锂蓄电池存在电池规格多样、拆解工艺复杂、回收设备简陋、污染物处理困难、经济效益低下等特点，首先，对退役磷酸铁锂蓄电池进行价值评估，可梯次利用动力蓄电池进行分容重组；其次，对不可梯次利用的动力蓄电池进行无损化壳体拆解，开展研究多元化拆解、破碎、分选方法，建立退役磷酸铁锂蓄电池预处理技术和标准制造工艺，解决动力蓄电池柔性的快速识选与安全拆解破碎归集的难题。

从购买走向使用：多维度构建新能源汽车服务体系

国轩高科开发高价值、绿色、无害的磷酸铁锂蓄电池再生利用工艺，实现动力蓄电池元素级别全利用，预计动力蓄电池整体回收率可达到90%。针对无法梯次利用的废旧动力蓄电池，拟采用多级式连续合成工艺，以液体铁源、磷酸铁锂粉料、磷酸二氢铵为原料连续合成磷酸铁，该技术生产的磷酸铁前驱体材料具有粒度适中、振实密度高、形貌接近球形的特点。使用此磷酸铁生产的无水磷酸铁原料合成的磷酸铁锂材料具有近球形颗粒形貌，晶体结构更加趋于完美，结晶度更高，锂离子嵌入/脱嵌通道顺畅，其容量比传统合成方法更高；同时得到的动力蓄电池级碳酸锂纯度更高，杂质含量更低。

环境效益方面，依托肥东基地，充分利用园区内部二氧化碳、氯气、蒸汽、液氨等资源，形成园区内部物质、能量循环，可以实现降低二氧化碳排放14.72万t、固定二氧化碳1.1万t、减少1万t危险废物产生，达到充分利用园区现有资源，实现园区共赢目的，助力肥东打造"绿色低碳+数字化+智能化"的低碳示范园区，向全国、全世界进行推广。

第三节　车网互动试点应用推动商业模式落地

一、有序充电激励探索：国家电网北京华商三优优易充项目

国家电网北京公司北京华商三优新能源科技有限公司（以下简称华商三优）开展优易充项目，聚合北京地区私人充电桩资源，参与华北省间调峰市场。充电桩平台控制方案为在非调控时段（7:00—12:30、16:00—次日0:30）以2.8kW启动充电并保持低功率慢充，在调控时段（日间12:30—16:00、夜间0:30—7:00）由平台下发指令自动提高至7kW满功率充电，用户无需操作。针对充电桩用户，项目提供"度电补贴+首充奖励、赠送延保"等额外奖励，参考现行居民充电电价0.4733元/kW·h，将度电补贴从0.1元/kW·h分期递增至0.4元/kW·h。如图8-6所示，有序充电激励验证时间为2020年9月11日—12月12日，以14天为一个周期，共连续开展7个周期。充电桩拥有者还可通过平台将空闲时段的充电桩共享给其他电动汽车车主，并获得出租收

益。同时，如图8-7所示，平台作为负荷侧市场主体，接入华北省间调峰市场，根据自身情况竞价。截至目前，平台在两次省间日前市场出清中均中标，最大电力分别为2.379万kW、2.330万kW，中标价格分别为290元/MW·h、400MW·h。

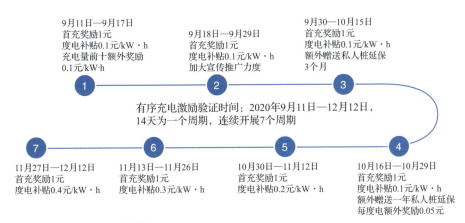

图8-6 华商三优优易充有序充电奖补激励方案

注：资料来源于企业调研。

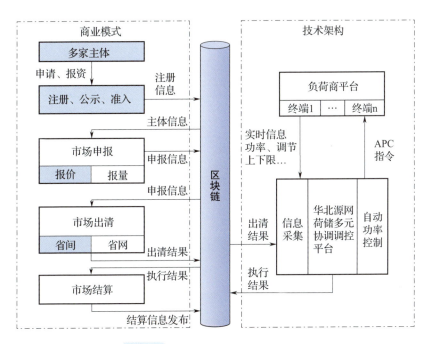

图8-7 华北省间调峰市场业务流程

注：资料来源于企业调研。

如图 8-8 所示,通过 7 个周期的验证,在奖励补贴激励成效方面发现:

1) 奖励补贴激励可有效引导用户参与有序充电。随着激励活动的推广,参与有序充电用户占比、有序充电次数占比及有序充电电量占比整体呈递增趋势。其中,有序充电用户占比由 13.8% 提升至 48.9%（图 8-8）,有序充电电量由 3.6 万 kW·h 提升至 19.1 万 kW·h。这表明用户对有序充电接受程度逐步提高,用户参与有序充电意愿明显提升。

2) 度电补贴 0.3 元/kW·h 对用户吸引力较强。当第 5 期的 0.2 元/kW·h 提高至第 6 期的 0.3 元/kW·h 时,有序充电用户占比从 34.1% 提高至 47.0%,效果明显。

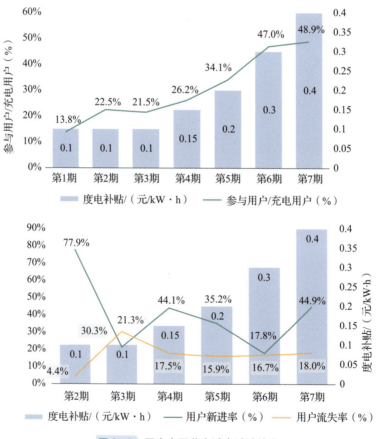

图 8-8 国家电网北京试点试验结果

注:资料来源于企业调研。

二、需求响应机制探索：上海需求响应试点

上海需求响应试点依托国家电网上海虚拟电厂运营体系开展。调度需求触发后，上海虚拟电厂管理与运营监控平台将调度指令发布到负荷中间商平台，再由负荷中间商平台依据虚拟电厂规定的参与方式进行需求响应。目前上海需求响应试点为需求响应方提供削峰 3 元/kW·h、填谷 1.2 元/kW·h 的基础补贴，再根据通知时间给予 0.8~3 倍的补贴系数，如实时响应提供 3 倍基础补贴，30min 内响应提供 2 倍基础补贴。试点资金来源为尖峰电价收益，正积极推动资金来源多元化。以往上海需求响应试点将补贴以电费抵扣的方式全额发放给用户，负荷中间商不参与分成，今后将尝试把费用直接补贴到负荷中间商，再分配到用户，让负荷中间商更加有驱动力。

三、V2G 模式创新：国家电网电动 V2G 移动电源应急供电项目

该项目选取武汉市江夏区某重过载台区建设 V2G 智慧互动配网。如图 8-9 所示，项目以台区负荷重过载就地自治调节为目标，利用车联网平台开放能力，

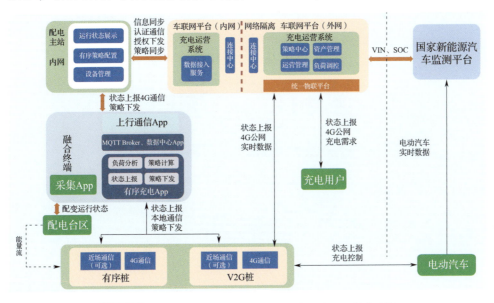

图 8-9 国家电网电动 V2G 移动电源应急供电项目技术路线

注：资料来源于企业调研。

与配网主站实现信息互通,接收配网发布的台区负荷调控需求,在台区重载情况下,V2G 可为台区承担应急电源的作用,实现台区传统负荷与充放电负荷间的就地自主平衡调节,缓解台区重过载压力。

试点充分利用智能融合终端的低压电网全景感知和就地分析决策功能以及车联网充电桩运营能力,实现以改善台区电能质量为目标的电动汽车充放电负荷精准实时调控。

经济效益方面,目前,V2G 配网业务还在培育期,因此项目的投资回报并不理想,经济性不佳。V2G 与配网互动应用功能可以有效降低配网投资,提升配网运营效率。长期来看,V2G 配网业务在提升配网供电能力、延缓配电网投资方面可取得较好经济性。

环境效益方面,参与车辆与配网互动应用功能可以让电动汽车发挥显著的"煤电替代效益",不仅可以让电动汽车实现全绿电应用,还支持其他用电设备用清洁电,有效提升清洁能源消纳能力,助力双碳目标实现。

社会效益方面,如图 8-10 所示,在未改造前,项目台区峰值负载率重过载,部分时段超过 100%,若负载率降低至 80%,则需要降低 63kV·A 功率

图 8-10 项目调节成效图

注:资料来源于企业调研。

（315kV·A×20% =63kV·A），配置 150kW·h 的电量（63kW×2.5h = 157.5kW·h）；在负荷高峰时，4 辆 V2G 乘用车以 15kW 功率持续放电 2.5h 可达到重过载台区负荷调节的目的。

四、V2G 模式创新：北京中再大厦车网互动示范站

北京中再大厦车网互动示范站于 2020 年 6 月投入运营，是全国首个商业运营的 V2G 充放电站。中再大厦位于北京的工商业园区，在其地下停车场设置了 9 个 V2G 桩，具备 V2G 功能的电动汽车可在用电高峰时放电给大厦供能。车主将电动汽车与互动桩连接后，V2G 平台根据车主需求及大厦需求自动充放电。中再大厦示范站公示的价格表显示，充电电价在用电低谷时段（23:00—7:00）为 0.3023 元/kW·h，高峰时段（10:00—15:00、18:00—21:00）为 1.4167 元/kW·h，平时段为 1.2884 元/kW·h。电动汽车在峰时放电，放电价格为 0.7 元/kW·h。在谷充峰放的模式下，车主每度电能赚近 0.4 元。假设电动汽车动力蓄电池容量为 52kW·h，扣除上下班路途所需电量之后，每次放电量约 30kW·h，净收益 12 元。

第四节　国外成熟汽车后市场经验借鉴

一、全生命周期信息整合探索：美国 CarFax

CarFax 公司成立于 1984 年，最初是为了解决二手车市场黑心车商篡改里程表的问题。CarFax 公司的发展历程如图 8-11 所示。通过与当地协会密切合作，于 1986 年开启 B 端（企业端）业务，向经销商提供早期版本的汽车历史报告。CarFax 数据库最初只有 10000 条记录，但截至 1993 年年底，CarFax 获取了几乎美国 50 个州的汽车所有权信息。1996 年 12 月，CarFax 在公司官网开启车况历史报告 C 端（消费者端）业务。随后，CarFax 通过不断被收购、并购积累了大量汽车数据。1999 年，CarFax 成为 R.L.Polk 的全资子公司。CarFax 被收购后，其车况历史报告数据 75% 来自 Polk 公司。2013 年，知名信息处理服务公司 IHS 收购了 Polk 和

CarFax，这为其汽车产品增添了新的优势。2016 年 3 月，IHS 与信用数据提供商 Markit 合并，同年 7 月成立了 IHS Markit。CarFax 在此过程中逐渐形成了数据及信息处理技术的壁垒。

	先2B再2C，业务初具规模				被兼收并购，形成数据和技术壁垒，高速发展		
1984年	1986年	1993年	1996年	1999年	2013年	2016年
CarFax成立	与当地汽车协会合作，开启B端业务（向经销商提供汽车历史报告）		开启C端业务（向消费者提供汽车历史报告）	CarFax被R.L.Polk公司收购	Polk和CarFax被IHS以14亿美元收购(2012年CarFax产值已达约2.4亿美元)	IHS与Markit合并，同年7月成立了IHS Markit，CarFax产值或已达8亿美元
仅有10000条记录	拥有50个州的汽车所有权信息			形成汽车数据壁垒，CarFax75%汽车数据来自Polk	形成技术壁垒，加强了信息处理能力	形成信用数据壁垒

图 8-11　CarFax 发展重要事件

注：由中国电动汽车百人会整理。

商业模式方面，CarFax 以车况历史报告为基础，逐渐向上下游拓展二手车交易平台、二手车估值、车辆维保服务，打造专属应用程序 myCarFax。车主可以免费通过 myCarFax 查询汽车维修历史记录、接收车辆维修提醒，并获取有关汽车公开召回等信息。如图 8-12 所示，CarFax 的主要收入来源为 OEM 及维修店 SaaS 服务提供商等 B 端客户。

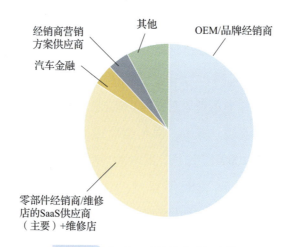

图 8-12　CarFax 主要收入来源占比

注：基于 2001—2020 年公开信息统计，由中国电动汽车百人会整理。

如图 8-13 所示，CarFax 与 OEM、经销商等合作模式为 OEM、经销商订阅 CarFax 年度服务，CarFax 为下游消费者免费提供该品牌二手车的 CarFax 历史报告以及 myCarFax 免费服务，并在 myCarFax 及官方网站上优先推荐该品牌的车源和店铺。

图 8-13　CarFax 主要业务模式

注：由中国电动汽车百人会整理。

另外，如图 8-14 所示，CarFax 直接或间接（通过 SaaS 供应商，比如库存管理系统、店铺管理系统等）与维修店/零部件经销商合作。CarFax 通过 SaaS 平台为维修店提供 QuickVin 功能（数据库接口），维修店可快速通过车辆 VIN 码查询车辆历史维修信息。另外，维修店也可利用 CarFax 历史报告吸引潜在消费者。

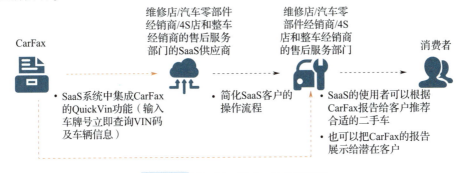

图 8-14　CarFax 的 SaaS 业务流程

注：由中国电动汽车百人会整理。

二、经销商向价值指南引领方转型探索：KBB

Kelly Kar 公司（以下简称 Kelly）成立于 1918 年，最初从事汽车经销业务，1926 年，利用从经销商处收集的数据，Kelly 发布了第一份汽车价格蓝皮书（Kelly Blue Book，KBB），成为汽车行业的价格标准指南。20 世纪 30—50 年代，Kelly 开启了汽车保险、汽车贷款、汽车俱乐部等业务，全方位积累了汽车数据。同时，第二次世界大战期间，KBB 汽车价格成为政府官方指定二手车指导价。基于广泛的汽车数据积累，20 世纪 60 年代，Kelly 公司从汽车经销商转变为专业出版商，专注于其汽车价格指南的制作。自此，KBB 成为第一个确定汽车价格的出版物。1995 年，KBB 官方网站上线。21 世纪初，KBB 网站年访问量高达 1.6 亿人次。2010 年 12 月，KBB 被汽车交易电商平台 AutoTrader.com 收购，完善了 Auto Trader 母公司 Cox Automotive 的二手车交易生态。Cox 旗下各大汽车板块业务为 KBB 带来了巨大流量，也极大丰富了 KBB 的数据积累。2013 年，KBB 与中国企业合作，开始进入中国二手车估价服务市场。KBB 发展重要事件如图 8 – 15 所示。

图 8-15　KBB 发展重要事件

注：由中国电动汽车百人会整理。

商业模式方面，KBB 除了核心业务车辆价值评估外，产品服务整体构成与 CarFax 相似，包括二手车交易平台、车辆维修服务。KBB 车辆价格涵盖场景非常丰富，新车价格包括 OEM 建议零售价、市场价、出厂价以及未来 2~5 年剩余价值；二手车价格包括建议零售价、认证二手车价格、非认证二手车价格、租赁价格、拍卖价格、私人交易价格以及置换价格，如图 8-16 所示。

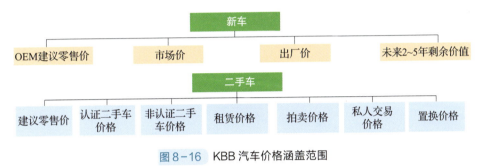

图 8-16　KBB 汽车价格涵盖范围

注：由中国电动汽车百人会整理。

KBB 的价格模型参数十分全面，不仅包含车辆基本信息，如车型及参数、车辆整体情况、汽车保险及维修情况，也包括宏观市场情况，如车型受欢迎度、本地市场情况以及季节性趋势调整等因素。

KBB 主要客户为 OEM 及各级经销商，B 端主要合作方式有两种。第一种为工具类服务，比如在 OEM 及经销商官网的二手车购买路径中集成 KBB 浮窗或页面模块，提供车辆估价或车辆信贷计算等服务，吸引有卖/买车意愿的客户。KBB 通过购买/售卖车者输入的个人联系方式、车型等具体信息引导购买/售卖车者进入该 OEM/经销商相关页面。第二种为网页内容、广告定制化服务，为 OEM 以及经销商在 KBB 及 Auto Trader 的二手车交易平台以及维修店铺查询页面提供个性化定制。

社会效益方面，KBB 每年公布的二手车残值率成为消费者选购二手车时必定参考的权威标准，为美国二手车市场价格透明做出了巨大贡献。

第五节　城市绿色出行生态创新：柳州模式

柳州通过开展城市绿色出行生态创新，提前实现了 2025 年渗透率目标，走在了全国前列。如图 8-17 所示，柳州乘用车新车销售总量中新能源汽车销量占比持续提升,由 2017 年的 9.73% 上升到 2020 年的 28.82%,远超全国车辆电动化平均水平,在 2019 年提前达到国家 2025 年发展要求。截至 2020 年年底,柳州新能源汽车保有量 82927 辆,其中新能源乘用车占比约 90%,个人用户占比达到 90%。2020 年,柳州新能源汽车保有量占汽车总保有量约 10%,新能源汽车出行率达 27%,通勤效率提升率 35%。如图 8 - 18 所示,据不完全统计,柳州市内日常通勤私家车每百辆车中约 20 辆为新能源汽车。较高的使用频次代表了新能源汽车市场化应用的不断成熟。

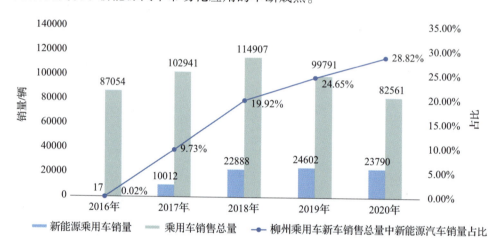

图 8 - 17　2016—2020 年柳州新能源乘用车销量及占比

注:资料来源于交强险数据、柳州市车管部门统计数据。

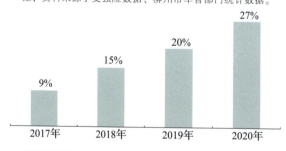

图 8 - 18　2017—2020 年柳州新能源汽车出行率

注:资料来源于柳州市政府及公开资料。

柳州在推广新能源汽车过程中,充分挖掘城市资源,给新能源汽车在停车、路权、公共资源使用等方面分配专属资源,来构建新能源汽车服务生态,培育居民的使用习惯。

1. 创新优化资源配置

柳州创新地开创适合微型车停放的专属小停车位、建设 1.7kW 低功率智能充电桩、开放公交车道路权等，充分发挥新能源汽车使用端优惠政策优势。柳州将专用车位的建设纳入城市管理体系，在实际规划建设中，以政府为主导的同时，倡导全民参与设计，充分调动全社会的力量，创新解决停车问题。通过对国内外专用停车位规划经验的大量研究和多方位专业评估，并结合本市推广车辆特征，对车行道、人行道、绿化植被、道路石墩等进行小规模调整。如图 8-19 和图 8-20 所示，柳州不仅充分利用人行道树间空隙等，在不占用传统燃油汽车停车资源的情况下，增加大量新能源汽车停车位，还尽量利用小型新能源汽车尺寸优势，1 个标准停车位可停放 2 辆 2 座新能源汽车，大幅提升停车资源利用率。在不影响原有道路功能的前提下，释放城市闲置空间资源，创造出众多增量停车位。目前，新能源汽车与专用停车位数量之比约 3∶1。

图 8-19　柳州新能源汽车配套资源

注：相关数据为阶段性数据，并非最新数据。

图 8-20　柳州新能源汽车专用停车位改造

注：资料来源于实地调研。

2. 实施差异化的新能源汽车交通管理政策

允许新能源汽车使用公交专用道,且不受单双号出行限制。同时,为鼓励城市配送车辆使用新能源汽车,出台了《新能源载货汽车通行柳州市区禁行路段管理暂行办法》,制定了新能源物流城市配送车辆可运营路段、通行桥梁和行经时段等便利通行的政策,引导城市配送物流领域车辆向电动化方向发展。此外,柳州还实行新能源汽车独立分类注册登记,便于新能源汽车的税收和保险分类管理;规划重点区域免费停车,商业化停车场免费停车2h,路边新能源汽车专属车位全部免费停车;停车月票(含室内和露天)收费标准按不超过本住宅小区现行实际收费标准的90%执行。

3. 建设共享使用生态

为解决城市新能源共享汽车服务网点少、停车难等共性问题,在柳州市范围内,引导本地车企联合社会资本合作开展新能源共享汽车运营。充分利用大数据技术对市民出行习惯进行分析,在全市不同区域,对租车定点网络进行规划布局。截至2020年7月,在住宅小区、工业园区、大型商超、农贸市场等区域设置共享新能源汽车租赁网点266个、施划共享汽车专用车位1214个,为市民提供了安全、便捷、实惠、绿色的出行服务。

4. 便捷产品售后服务

基于目前拥有业内最庞大的小型电动汽车用户群,上汽通用五菱率先发布宏光MINI EV用车"五心服务":省心线上服务,包括智能保温服务、车辆体检服务、专属顾问服务、用车报告服务;暖心主动服务,包括蓄电池智能补电服务、车辆安全主动预警服务;贴心上门服务,包括上门快修服务、上门安装充电桩服务;安心无忧服务,包括代步无忧服务套餐;放心应急服务,包括7×24h道路救援服务。

5. 构建便捷补能体系

攻克充电难题,使用便利成为推广新能源汽车的重要牵引力。如图8-21所示,通过大量的实际勘察和调研,柳州极具针对性地开展充电设施建设和网络布局，优先满足用户最为迫切的充电场景需求。最终梳理出一套成熟的工作流程，整体解决物业配合、充电设施报装/施工/验收等一系列问题，并总结出一套业主、物业、建设方、运营方等多方受益共赢的充电设施建设管理模式，其中应用插座式设备（充电功率小于2kW）能够满足无需扩容、经济便利的使用需求。如图8-22所示，截至2020年9月，柳州充电插座及充电桩数量约2万个，平均约3辆车共用1个充电设施，能够较好地满足用户使用需求。

图8-21 柳州充电基础设施布局

1—机关单位及中高端住宅区　2—重点中小学　3—商圈及中高端住宅区　4—大型企业

注：资料来源于实地调研；数据为阶段性数据，非最新数据。

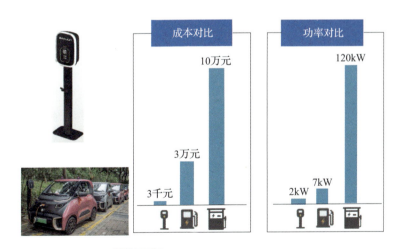

图8-22 充电基础设施插座式设备

注：资料来源于实地调研。

参考文献

[1] 吕华.一年万余企业涌入动力电池回收市场,"正规军"为啥干不过"小作坊"?[EB/OL].(2022-09-26)[2022-11-23].https://m.thepaper.cn/baijiahao_20060065.

[2] 雷舒雅,黄佳琪.国内外新能源汽车电池回收产业法律政策研究[J].时代汽车,2022(2):86-88.

[3] 王永武,李杨,张娜,等.功率型磷酸铁锂材料电池与三元材料电池对比[J].电源技术,2015,39(9):1824-1825,1854.

[4] 吴迪.通信基站中梯次电池的应用价值分析[J].数字通信世界,2018(5):118,266.

[5] 覃俊桦,鲍莹,戴永强,等.锂离子动力蓄电池回收利用现状及发展趋势[J].现代工业经济和信息化,2021,11(6):99-100.

[6] 焦芬,史柯,覃文庆,等.废旧镍钴锰电池回收工艺及污染控制概述[J].矿冶工程,2021,41(5):153-158.

[7] 龙立芬,张西华,姚沛帆,等.废锂离子电池石墨负极材料利用处理技术研究进展[J].储能科学与技术,2022,11(10):3076-3089.

[8] 燕乔一,吴锋,陈人杰,等.锂离子电池负极石墨回收处理及资源循环[J].储能科学与技术,2022,11(6):1760-1771.

[9] 张恒,李海浩,王梦娇,等.退役动力蓄电池材料再生利用综述[J].电池,2022,52(1):105-109.

[10] 宋鹤艳.浅议如何构建当前农村消防安全屏障[J].消防界(电子版),2019,5(11):68.

[11] 郭明山.农村消防工作中存在的薄弱环节及对策分析[J].江西化工,2017(5):169-170.

[12] 能源与交通创新中心(iCET).中国传统燃油汽车退出时间表研究[Z].2019.

[13] 工业和信息化部.2010年汽车工业经济运行报告[EB/OL].(2011-01-18)[2022-11-23].https://www.miit.gov.cn/jgsj/zbys/qcgy/art/2020/art_3f8f6cd3b88c4caca4273aad3319ccd6.html.

[14] 陈林兴,徐欢."汽车下乡"政策的成效、问题及对策[J].价格月刊,2011(1):24-27.

[15] 世界资源研究所.新能源汽车如何更友好地接入电网系列二:中国电动汽车与电网协同的路线图与政策建议[Z].2020.

[16] 中国仓储与配送协会.2021中国仓储配送行业发展报告(蓝皮书)[M].北京:中国商业出版社,2021.